Rudolf Tyrolt

Aus der Theaterwelt

ernste und heitere Bilder

Rudolf Tyrolt

Aus der Theaterwelt
ernste und heitere Bilder

ISBN/EAN: 9783743473461

Hergestellt in Europa, USA, Kanada, Australien, Japan

Cover: Foto ©Thomas Meinert / pixelio.de

Weitere Bücher finden Sie auf **www.hansebooks.com**

Aus der Theaterwelt.

Ernste und heitere Bilder

von

Rudolf Tyrolt.

—

Leipzig.
Verlag von Richard Eckstein.
1879.

.

Meiner lieben Frau zugeeignet.

Inhalt:

Dramatische Wildlinge.

Es war zur Zeit meines ersten Engagements in der alten Festungsstadt Olmütz, an einem der letzten Tage des Monats Januar 1871, als unser gemüthlicher Director und treff= licher Komiker Cfernitz in die Sauer'sche Restau= ration trat und mir und meinem Tischgenossen, Redacteur Betbur den Vorschlag machte, mit ihm heute Nachmittag eine Schlittenpartie nach dem 2 Stunden entfernten Städtchen Sternberg zu unternehmen. Wir waren schnell bereite Theil= nehmer, umsomehr als Cfernitz uns mittheilte, daß sich eine herumziehende Schauspielertruppe seit kurzem in Sternberg aufhalte, und wir, heute als einem Sonntage, sicherlich Gelegenheit finden dürften, einer „höchst anzurecommandiren= den" Vorstellung derselben beizuwohnen. Ich

gehörte seit wenigen Monaten der Bühne an,
hatte erst vor einigen Tagen Holtei's „letzten
Comödianten" aus der Hand gelegt — was
Wunder, daß der Vorschlag meines Directors
bei mir das größte Interesse erregte, das Leben
und Treiben einer „Theaterschmiere" durch eigene
Anschauung kennen zu lernen.

Nachmittags 3 Uhr kutschirten wir denn auch,
in tüchtiges Pelzwerk gehüllt, beim Festungsthore
hinaus, und bald hallte lustiges Schellengeläute
zwischen den einsamen, schneebedeckten Wällen und
Schanzgräben; nicht lange dauerte es, hatten wir
das Festungsterrain hinter uns, und dahin flogen
wir auf gerader, schneeiger Bahn dem kleinen
Fabriksstädtchen zu. Mit dem Glockenschlage 5
hielten wir als lebendige Eiszapfen vor dem
ersten Gasthause des Ortes und stürmten sofort
in die behagliche Wirthsstube, um beim trau=
lichen Papa Kachelofen aufzuthauen und unsere
halberfrorenen Lebensgeister durch dampfenden
Mokka wieder aufzufrischen.

Auf einem der Tische lag ein geschriebener
Theaterzettel, auf dem zu lesen war, daß heute
Sonntag den 22. Januar 1871 allhier unter
löblicher Direction der Madame Thalbrük im
großen Tanzsaale des Gasthauses aufgeführt wird:
„Katharina Howard oder Krone, Schaffot und

Gruft." „Großes, historisches Trauerspiel in
6 Akten nebst einem Vorspiele." Hierauf folgte
der Personenausweis. Anfang um $\frac{1}{2}$7 Uhr.

Als ich so erfahren, daß wir uns hier im
Comödienhause befanden, konnte ich meine Neu=
gierde nicht länger bezähmen, sondern eilte über
die Treppe hinauf in den noch in Dunkel ge=
hüllten Tanzsaal. Am andern Ende des großen
Raumes sah ich beim Lichte einer Talgkerze zwei
Personen vor einem Vorhange beschäftigt, der
große Aehnlichkeit mit einem Betttuche hatte.
Ich näherte mich, über einige „Sperrsitze" stol=
pernd, dem Paare. Ein Mann und eine Frau
befestigten an der Rampe der Bühne Oellampen.
In der Frau, die zufällig eine große papierene
Krone auf dem Haupte trug, lernte ich die Prin=
zipalin selbst, Madame Thalbrük kennen; ihr
Gehilfe war das Factotum der Gesellschaft, Herr
Christel, Rollen= und Zettelschreiber, Souffleur,
Beleuchter und „zärtlicher Vater".

Nachdem ich mich den Beiden vorgestellt und
ihnen den Zweck unseres Besuches, der heutigen
Aufführung beizuwohnen, mitgetheilt hatte, wur=
den Prinzipalin und Factotum unendlich liebens=
würdig und fühlten sich „äußerst geschmeichelt".
Madame Thalbrük, die nebenbei gesagt das
„scheenste" Sächsisch parlirte, bedauerte nur, „daß

de kleene Pihne keene Gelegenheit nich biedet, sich
in die Tragedie auszubreiten", wogegen Herr
Christel seinerseits wieder bedauerte, daß wir
nicht an einem Wochentage gekommen sind, da
hätten wir ein Lustspiel zu sehen bekommen, und
das Lustspiel ist — wie er meinte — „unsere
stärkste Seite". Ich ersuchte, drei Sitze, wenn
möglich in der ersten Reihe, für uns zurückzu-
behalten und empfahl mich, zu meinen Freunden
zurückkehrend.

Ich war kaum einige Minuten im Gast-
zimmer, als das Factotum, Herr Christel erschien
und sich in höchst devoter Weise erbot, uns Gesellschaft zu leisten, da er seinen Funktionen bereits
nachgekommen und heute Abend leider in einer
ganz unbedeutenden Rolle beschäftigt sei. — Wir
nahmen seine Selbsteinladung freundlichst an,
und nun begann der gute Herr Christel auf unsere
Fragen ein' Langes und Breites von den Verhältnissen seiner Gesellschaft, der er bereits, wie
er sagte, seit 10 Jahren die „Ehre habe anzugehören" — zu erzählen. Da wir ein Trockenwerden seiner Kehle selbstverständlich nicht aufkommen ließen, plauderte uns der gemüthliche
Kauz die Zeit bis zum Beginne der Vorstellung
mit ganz interessanten und für das Getriebe einer
herumziehenden Gesellschaft charakteristischen Mit-

theilungen weg. Ich bekam da zum ersten Male annähernd einen Einblick in all' das grenzenlose, bittere Elend, in alle die traurigen Verhältnisse einer armen Wandertruppe, die unser Erzähler mit einer gewissen leichtsinnigen, nicht humorlosen Weise behandelte.

Ich lasse Herrn Christel sprechen.

„Unsere Gesellschaft besteht aus sechzehn Personen, davon gehören fünf der Familie des Directors an. Die Frau ist eigentlich der Director; sie führt die Regie, wohl auch im Hause; der Herr Director ist der Mann seiner Frau; außerdem spielt er kleine Rollen, heute z. B. den Henker; er führt die Aufsicht über die Garderobe und die Möbel (!), er blitzt und donnert auf der Bühne — zu Hause besorgt Letzteres die Frau Directorin. Er ist ein vorzüglicher Hornist und war früher längere Zeit bei einer Militär-Musik-Kapelle; ihm fallen daher alle hinter den Coulissen vorkommenden Signale und Trompetenstöße zu. Der Sohn dieses directorialen Paares spielt die Charakterrollen und Intriguants; die ältere Tochter singt sehr hübsch und spielt naive Mädchen und Soubretten; die jüngere nimmt gern erste jugendliche Liebhaber und Naturburschen. Außerdem besteht die Truppe noch aus einer ersten tragischen Liebhaberin, die auch schon beinahe 10 Jahre die Ehre hat, uns anzugehören, einem ersten Heldenspieler, zwei Komikern, von denen einer leider zu viel sich dem Trunke hingibt, und aus einer zärtlichen Mutter, deren beide Sprößlinge, zwei junge Dinger von 14 bis 16 Jahren, eben in die Kunst eingeführt werden; schließlich haben wir für Nebenrollen noch drei Herren, die aber sehr stark wechseln, — und meine geringe Wenigkeit." —

Auf unsere Frage bezüglich des Einkommens der Gesellschaft plauderte unser Herr Christel weiter:

„Wir spielen selbstverständlich auf Theilung. Die ganze Einnahme eines Abends wird in zwei gleiche Theile getheilt: Die eine Hälfte bekommt die Familie des Directors — dafür hat dieselbe aber die Reisekosten zu bezahlen, die Garderobe und Bibliothek zu erhalten (!), die andere Hälfte gehört den übrigen Mitgliedern; jedoch theilen hier blos die Sach=Schauspieler; die drei Herren für Nebenrollen erhalten für ein jedesmaliges Auftreten 20 Kreuzer —"

„Nun, und wenn dieselben nun zufällig selten beschäftig werden?" — warf ich ein —

„Na — dann verlassen sie halt unsere Gesellschaft," war die schnelle Antwort.

Jetzt konnte ich mir das „starke Wechseln" der drei Herren erklären. Herr Christel fuhr fort:

„Im heurigen Winter geht es uns ziemlich
schlecht. Schau= und Lustspiele ziehen nicht —
und zu den Operetten fehlt uns nur — das
Orchester. So schleppen wir uns also mühselig
durch die Saison. Wir hatten hier schon unter
der Woche Abende mit einer Einnahme von
4 Gulden; kam auf die Directorsfamilie 2 Gul=
den, auf jeden Schauspieler 25 Kreuzer und davon
muß man oft 2 bis 3 Tage auskommen, da doch
nicht immer täglich gespielt werden kann. Frei=
lich kommen auch wieder Vorstellungen, die pro
Mann 1 Gulden und darüber tragen — aber
die sind rar, die sind rar! — Zum größten Glück
ist keines von uns verheirathet; nur der Komiker
hat ein Verhältniß mit der tragischen Liebhaberin
— da verdienen aber auch beide — so gleicht sich
die Geschichte wieder aus.‟

Im selben Momente schlug die Uhr ½ 7,
und nun unterbrachen wir den Redestrom unsers
Erzählers, der gewiß noch manche interessante
Geschichte für uns im Vorrath hatte. Wir ver=
abschiedeten uns vorläufig und machten Anstalt,
in den der dramatischen Muse geweihten Saal
einzutreten.

An der Thüre saß die Directorin, die also
auch das Cassengeschäft leitete; sie bewillkommnete
uns auf das Feierlichste und überreichte mir drei

Papierschnitzel, darauf die Ziffern 1, 2, 3. Sie
hatte uns die besten Plätze reservirt. Ich wollte
eben eine Fünferbanknote als Tribut der Kunst
auf ihren Altar legen, als sie, meine Absicht
gewahrend, fast gekränkt, abwehrte:

„Bitte, bitte, stecken Sie nur wieder ein,
von Collegen wird nichts genommen."

Ob ich wollte oder nicht, ich mußte gehorchen.

Da saßen wir nun gleich drei Ausgesetzten
auf unseren Stühlen in der ersten Reihe „einsam
und alleine". Nur rückwärts polterte und lärmte
ein stattlicher Rudel: Fabriksarbeiter, Gesellen
und Dienstleute. Sehr spärlich fanden sich Leute
aus den besseren Ständen ein. Zehn Minuten
waren bereits vergangen. Plötzlich ertönte der
schrille, Ton einer Klingel — und langsam, gegen
verschiedene, für uns unsichtbare Hindernisse
kämpfend, erhob sich der Vorhang. Wir sahen
nun das Vorspiel, den ersten und zweiten Akt
der schauerlichen Tragödie in einem Zeitraume
von dreiviertel Stunden; die hiesigen Regiestriche
gaben denen der strengsten Censur nichts nach.

Ich muß gestehen, daß sich meiner im ersten
Augenblicke eine leichtverzeihliche Heiterkeit be=
mächtigte, als ich die grenzenloseste Unbeholfen=
heit und wahnwitzigste Declamation der agiren=
den Darsteller zu Gesichte und zu Gehör bekam.

Dabei vernahmen wir in der ersten Reihe Alles doppelt, einmal vom Souffleur, das andere Mal vom Schauspieler (soll auf größeren Bühnen auch vorkommen). Der Souffleur, der hinter der ersten Coulisse links stand, wirkte auf sämmtliche Mit= spielenden mit der Kraft eines Magnetes. Jedes trachtete dem betreffenden Coulissenwinkel so nahe als möglich zu kommen, und so spielte die ganze Scene in einer Gruppirung, die den Zuschauer recht lebhaft an eine sich fürchtende und zu= sammendrängende Schafheerde erinnerte. Dabei kannten die Meisten ihre Rollen so ziemlich; doch kamen die wunderlichsten Verwechselungen vor. Bald jedoch wich diese Heiterkeit einem ernsten, recht wehmüthigen Gefühle für diese ärmsten, mühselig sich plagenden und doch nichts als bitter= stes Elend einheimsenden, bejammernswerthen Paria's der dramatischen Kunst!

Wie viel geht hier zu Grunde! Wie viel könnte und müßte eben hier gethan werden! Fragen, deren Beantwortung mich weit über den Rahmen einer einfachen Erzählung hinausführen würde.

Nach dem zweiten Akte, der in einer Gruft spielte, allwo Katharina scheintodt in einem Sarge lag — benutzte ich die Zwischenpause zu einem Besuche hinter den Coulissen. Die Bühn

betretend begrüßte ich die hier commandirende
und jetzt erst in ihrem eigentlichen Elemente be=
findliche Directorin, noch immer die papierene
Krone auf ihrem Haupte, und sah, wie sich der
eben vorgekommene Sarg als Waschtrog der
Frau Wirthin entpuppte. Im Hintergrunde pro=
birte der Herr Director eine Trompete; ich grüßte
ihn — doch er trompetete weiter. Der geschäf=
tigte Christel hatte sich unterdessen meiner be=
mächtigt und führte mich in die Garderobe der
Künstlerschaar, welche durch ihr Aussehen den
von Holtei dafür gebrauchten Ausdruck bestens
rechtfertigte.

Ich trat in ein ziemlich geräumiges Gemach,
welches Männern wie Frauen als gemeinsames
Ankleidezimmer diente. Den Gesetzen der Sitt=
lichkeit war durch eine, allerdings etwas schad=
hafte spanische Wand, die in der Mitte aufgestellt
den Raum in zwei Theile trennte, Rechnung
getragen. Rings an den Wänden hingen männ=
liche wie weibliche Costüme, Ritterwämmser, alt=
modische Fräcke, blecherne Helme und stark ab=
genutzte Cylinderhüte in genialer Unordnung.
Ein höchst wankelmüthiger Tisch präsentirte aller=
lei Schminkgegenstände, Rollen, Requisiten u. s. w.
u. s. w. Ich hatte große Mühe, die Mitte des
Lokales ungefährdet zu erreichen, da der Held,

wahrscheinlich eifrigst mit seiner Rolle beschäftigt,
aus einer Ecke in die andere fuhr und dabei in=
grimmig mit einem Dolche, der bezüglich seiner
Größe jedem Fleischermesser Concurrenz gemacht
hätte, herumfuchtelte. Während sich Christel be=
mühte, mich dem herumrasenden „Heinrich VIII.“
vorzustellen, erschienen plötzlich über der spanischen
Wand zwei niedliche Mädchenköpfe, die mich zu=
erst mit großer Neugierde anstarrten und dann
ganz collegial begrüßten, indem sie mir ihre
Arme über die Wand herüberstreckten. Auf einer
umgekehrten Kiste saßen drei „Edle aus Hein=
rich’s Gefolge“ und spielten — Tarok. Eben
wurde ein Solo angesagt, der ihre Aufmerksam=
keit so in Anspruch nahm, daß sie keine für
mich übrig hatten.

„Kommen erst ganz zuletzt,“ erklärte mir
Christel.

In einer Ecke beim Ofen kauerte auf einem
Stuhle die „zärtliche Mutter“ und stopfte
Strümpfe. Ich begrüßte sie, und auf meine
Frage, ob sie heute auch beschäftigt, antwortete
sie, mir freundlich zunickend:

„O na, heut wohl nit! aber meine Madeln
machen Hofdamen, na und da geh’ ich halt a mit
herein, u bißl aufzupassen!“ — (Leises Gekicher
hinter der spanischen Wand!) —

2*

Wieder ertönte das schrille Geläute und ich
empfahl mich eiligst, um den weiteren Verlauf
der Darstellung kennen zu lernen. Im Zu=
schauerraum war es unterdeß recht lebhaft ge=
worden. Ein feister Ganymed kredenzte in großen
Krügen braunen Nectar und verkündete mit durch=
dringender Stimme die zahlreiche Anwesenheit
„brennheißer".

Ein zweites Mal mußte die Glocke hinter
dem Vorhang ertönen, um halbwegs Ruhe her=
zustellen und in einer sich immer mehr mit Tabak=
qualm füllenden Athmosphäre säuselte die stark
in den Jahren befindliche Liebhaberin mit einer
flötenden Stimme, wie Thisbe dem edlen Pria=
mus, nun ihren Part vor. Nach dem vierten
Akt verließen wir den „Ort der Musen", an
dem es bereits, wahrscheinlich in Folge der im
Zwischenakt verabreichten Stärkungen, anfing,
etwas geräuschvoll zuzugehen. Herr Christel,
der unsern Aufbruch wohl bemerkt hatte, kam
uns, da seine Rolle bereits ausgespielt war, so=
fort nach, beim Abendessen, zu dem wir ihn luden,
tüchtig seinen Mann stellend und gab uns zum
Abschied noch Einiges von den Erlebnissen seiner
Gesellschaft zum Besten. So theilte er uns unter
Andern auch mit, daß vor zwei Jahren der
Heldenspieler, des nicht mehr ungewöhnlichen

Namens Müller, vom Director des Prager
Theaters mit einem monatlichen Gehalt von
60 Gulden engagirt worden war. Nach Verlauf
von einigen Wochen fand eines Morgens der
Prager Director auf seinem Schreibtische einen
Brief, worin Müller für alle ihm erwiesenen
Wohlthaten herzlichst dankte, aber zugleich er=
klärte, er fühle sich so unglücklich, daß er Prag
verlassen müsse; — er war durchgegangen und
kehrte wieder zurück zur Truppe der Madame
Thalbrük.

Ueber die heutige Einnahme befragt, theilte
uns Christel mit schmunzelndem Gesichte mit,
daß selbe den „sehr anständigen Betrag" von
16 Gulden erreicht habe, einschließlich unserer
Sünfernote, die ich der so collegial gesinnten
Frau Directorin schließlich doch aufgezwungen.

Es war zehn Uhr vorbei, die Comödie schon
lange zu Ende, als wir an unsere Heimfahrt
dachten. Als wir durch die Schwemme dem
Ausgange zuschritten, fanden wir die gesammte
Künstlerschaar, Heinrich VIII. wieder im besten
Einvernehmen mit Katharina, ihr frugales Abend=
brod verzehrend. Als sie unser ansichtig wurden,
begrüßten sie uns sehr respectvoll, und Frau
Thalbrük — diesmal ohne Krone — drückte
uns im Namen der Gesellschaft ihren „schcensten"

Dank für unsern Besuch aus. Freund Christel ließ es sich nicht nehmen, uns bis vor's Thor zu begleiten, und unter herzlichen Abschieds= worten und mit Christels heiliger Versicherung, uns demnächst in Ollmütz aufzusuchen, flog unser Schlitten in die Nacht hinaus. Noch vor Mitternacht erreichten wir das Festungsthor.

Laube als Regisseur.

Welche Stellung Dr. Heinrich Laube als Schriftsteller in der deutschen Literatur einnimmt, ist wohl allseitig bekannt; was Laube als Bühnenleiter geleistet, davon erzählen das Burgtheater, dem er nahezu 20 Jahre als Director vorgestanden, das Leipziger und in neuester Zeit das Wiener Stadttheater — sein jüngstes und darum wohl auch sein liebstes Kind — und davon wird in der Geschichte der deutschen Bühnen noch oft geredet werden.

Diese Zeilen sollen es versuchen, Heinrich Laube zu schildern in seiner liebsten und erfolgreichsten Thätigkeit, in seinem eigentlichsten Berufe, dem er wie kein Anderer mit rastlosestem Fleiße, mit der größten Begeisterung, mit Aufopferung aller seiner Kräfte seit mehr als einem Vierteljahrhunderte dient: bei seiner Arbeit auf der Probe. Es wird ein neues Stück bei Laube gegeben. Die Vertreter der Kunstkritik und das liebenswürdige, aber auch rigorose Publikum der Première haben sich eingefunden und sprechen ihr Urtheil über Leben und Tod des neuaufgeführten Stückes. Daß ein Theater wie das unter Laube stehende Wiener Stadttheater, ohne Subvention und daher gezwungen, durch eigene Kraft sich zu halten, nicht das gemüthliche Stillleben manches kleinen Hoftheaters führen darf, sondern rastlose Thätigkeit und größtmögliche Abwechslung im Repertoire zu seiner Devise machen muß, ist wohl einleuchtend.

Woher aber Stücke nehmen bei der qualitativ geringen dramatischen Production? Da greift nun Laube dieß oder jenes Stück eines noch unbekannten Autors heraus aus der Unmasse der eingereichten dramatischen Werke und hat den Muth, es auf seinem Theater zum Bühnenleben zu erwecken. Laube hat diesen Muth, weil er das Verständniß besitzt, selbst schwächere Bühnenproducte durch geistreiche und wirksame Inscenesetzung auf die Höhe eines anständigen Erfolges zu bringen; darin liegt vor Allem seine für das deutsche Theater so nothwendige und wohlthuende Helfergabe.

Laube's Thätigkeit auf der Probe ist seine hervorragendste, ist seine eminenteste, bezüglich des Stückes, wie bezüglich der Schauspieler. Auf den Proben entfaltet sich das Theatertalent Laube's in fördernöster Weise und in seiner ganzen Eigenartigkeit. Mit welcher Gewissenhaftigkeit, mit welchem Fleiße, mit welcher Anstrengung Laube ein Stück inscenirt, möchte ich im Nachstehenden schildern.

Ein Stück wird zur Aufführung vorbereitet. Die Rollen besetzt Laube selbst, doch läßt er sich diesbezüglich von sämmtlichen Regisseuren Vorschläge machen. Ein sogenanntes „Fach" kennt Laube nicht; man ist bei ihm als „Schauspieler" engagirt, und im gegebenen Falle entscheidet die Individualität des Darstellers. Bei Laube kann es daher vorkommen, daß der Komiker mit einer ernsten, und umgekehrt der ernste Darsteller mit einer humoristischen Rolle ab und zu betraut wird. Laube experimentirt sehr gerne mit seinen Schauspielern und meist mit glücklichem, häufig mit überraschendem Erfolge.

Den Beginn der Proben macht die Lesung des Stückes in Gegenwart sämmtlicher darin beschäftigter Mitglieder, Souffleur, Inspicient, ja sogar oft Capellmeister mit inbegriffen. Laube selbst liest eine oder die andere Hauptrolle und

besonders interessante Episoden. Da für Laube
der Eindruck, den das Stück bei der Leseprobe
auf ihn und die Mitglieder macht, von größter
Bedeutung ist, verlangt er die gespannteste Auf=
merksamkeit und peinlichste Ruhe, die nament=
lich nie dann ausbleibt, wenn er selbst liest.
Laube's ausgezeichnetes Talent zu lesen, ist all=
gemein bekannt; er kann Thränen entlocken und
als Komiker zwerchfellerschütternd wirken. Laube
lesen zu hören ist ein wahrer Kunstgenuß! Hat
nun das Stück auf der Leseprobe „gewirkt", wie
Laube zu sagen pflegt, d. h. hat es zu Hoff=
nungen berechtigt, so wandert es aus dem Saale
auf die Bühne. Laube hält zumeist von einer
neuen Tragödie, bei welcher Comparserie beschäf=
tigt ist, acht bis zehn, bei einem auf das Solo=
Personal beschränkten neuen Schau= oder Lust=
spiele sechs bis acht Proben. Er selbst kennt das
Stück, wenn er auf die erste Probe kommt, ganz
genau und hat in seiner Phantasie den scenischen
Aufbau desselben festgestellt, was ihn jedoch kei=
neswegs hindert, aus späteren Proben, ja selbst
noch auf der letzten, der sogenannten General=
probe, Aenderungen eintreten zu lassen. Die erste
Probe ist für Laube nur eine Orientirungsprobe;
er „stellt das Stück": d. h. er ordnet Ab= und Zu=
gänge an, er befaßt sich mit dem äußeren Appa=

rat. Auf der ersten Probe brauchen Laube's Schau=
spieler ihre Rollen noch nicht memorirt zu haben.
Er selbst sagt darüber in seinem „norddeutschen
Theater" S. 139: „Ich habe immer gefunden,
daß die Worte richtiger und schlagender ein=
gelernt werden, wenn der Schauspieler auch
äußerlich auf dem Theater die Situation kennen
gelernt hat, in welcher er sprechen muß. Es
wird dann sein Memoriren lebensvoller, ich möchte
sagen unmittelbarer. Das abstracte Wesen mit
seiner Steifheit und seinen unvermeidlichen Irr=
thümern gegenüber den realen Dingen, kommt
nicht auf. Sitzt das Eingelernte nun schon fest,
dann stößt die nothwendige Veränderung auf
Schwierigkeit. Das Umlernen ist aber dem
Schauspieler das Allerbeschwerlichste."

Wenn es Zeit und Umstände gestatten, so
läßt Laube nach der ersten Probe einige Tage
vergehen, bevor er zu den weiteren schreitet.
Der Schauspieler, der nun auf der Leseprobe
das Stück als Ganzes, seine Rolle als Einzel=
nes, und als solches im Verhältnisse zum Ganzen,
auf der ersten Theaterprobe das Aeußerliche der
Scene des Stückes kennen gelernt hat, schreitet
nun zum Memoriren und zur Ausarbeitung
seiner Rolle. Auf den nun zunächst folgenden
Proben befaßt sich Laube mit dem Stücke sowohl

wie mit den Darstellenden. Alles Unnütze, Nebensächliche, nicht zur Handlung Gehörige, oder dieselbe nur Störende, wird mit rücksichtsloser, aber
vorsichtiger Strenge ausgemerzt. Es wird das
Stück sozusagen auf seinen kürzesten Ausdruck
gebracht. Laube ist in solchem Falle unbarm-
herzig, und ich sah manchen Autor die Hände
über den Kopf zusammenschlagen, wenn der
Rothstift des alten Herrn, ganze Seiten streichend,
durch das Stück desselben flog. Nach der ersten
Aufführung dachten sie freilich anders und dankten
dem Praktiker für seine scheinbare Grausamkeit.

Bezüglich der Darstellung läßt sich Laube
auf der zweiten Probe das Stück vorspielen, und
nun beginnt auf den folgenden die Ausarbeitung
der einzelnen Scenen wie der einzelnen Rollen.
Er legt den Schwerpunkt der Darstellung auf die
Rede und ihren Aufbau, auf das Wort. — Ver-
standen muß der Schauspieler vor Allem vom
Publikum werden; nur dann hat dasselbe einen
Genuß! Dieß ist Laube's erste Regel und Forder-
ung. Deutlich und richtig sprechen ist daher auch
das erste, was ein strebsamer Schauspieler, bei
Laube lernen kann. Was nun die Ausarbeitung
der Scenen anbetrifft, so belebt er dieselben und
macht sie verständlicher durch treffliche Zusätze oder
Kürzungen, er verleiht der Rede des Helden Nach-

druck durch ein eingeschobenes Wort, durch eine
passende Geberde, er macht den Part der Naiven
pikant durch reizende Nuancen, und stattet die Rolle
des Komikers mit den drolligsten Spässen aus;
ja er spielt seinen Mitgliedern, wenn's sein muß,
selbst ihre Rollen vor. Die letzten Proben benützt
er für das Ensemble und für die Comparsen.
Seiner Aufmerksamkeit bei der Probe entgeht
nicht das Geringste; ein auf unrechtem Platze
stehender und agirender Statist wird von ihm
sofort bemerkt und gehörig „verdonnert".

Es kommt die Generalprobe. Nun schreitet
das fertige und ausgearbeitete Stück zum letzten-
male an ihm vorüber; das hindert — wie gesagt
— gar nicht, daß noch im letzten Augenblicke
eine ihm besser und wirksamer dünkende Aender-
ung eingeführt, oder eine, den Schluß aufhaltende
und unnütze Scene gelegentlich gestrichen wird.

So wachsen auf den eben geschilderten Proben
das Stück, das Ensemble, die Darstellung und
die Darsteller selbst unter der Führung Laube's,
er weiß die Letzteren durch sein kurzes, schnei-
diges Commandowort nicht nur zu führen, sondern auch zu begeistern.

Ich schließe diese Skizze über Laube als
Regisseur, indem ich darauf aufmerksam mache,
daß der Altmeister des deutschen Theaters vor

Kurzem seinen siebzigjährigen Geburtstag feierte. Der 18. September 1876 war für Laube ein Tag wohlverdienter Ehren und Auszeichnungen.

Möchte Dr. Laube nach diesem Jubeltage, wie vordem, noch viele Jahre in ungetrübter Freude an deutscher dramatischer Kunst wirken und schaffen als Lehrer deutscher Schauspieler, zum Wohle des deutschen Theaters. Das wünschen nicht nur die vielen hundert deutschen Schauspieler, denen er den Weg gewiesen, deren Talent er gefördert und ermuthigt, die er zum Theil aus der Verborgenheit emporgezogen, manchmal sogar geradezu gegen den Widerspruch des Publikums gehalten hat, bis das zuerst nur von ihm erkannte Talent die unscheinbare Hülle durchbrochen, — das wünscht jeder Freund deutscher Kunst und deutschen Geisteslebens und Jeder, der menschliches Interesse fühlt an dem unbeugsamen Willen, an den nie erschöpften Lebensgeistern dieser scharf ausgeprägten, unvergeßlichen Persönlichkeit.

Ueber dramatiſchen Unterricht.

tärker denn je macht sich gerade heutigen Tages in allen Kreisen der Gesellschaft der Zug fühlbar, den die Bühne und insbesondere dramatische Darstellungskunst seit erdenklichen Zeiten auf die für Kunst begeisterte oder für das Theaterleben mit all' seinem geheimen Zauber, mit allen seinen wirklichen und eingebildeten Reizen, schwärmende Jugend ausübt. Diesem lebhafteren Drange zur Bühne entsprechend, vermehren sich auch die seit einer Reihe von Jahren in's Leben getretenen dramatischen Unterrichtsanstalten in einer den Zwecken der dramatischen Kunst nur gefährlich werdenden Weise; unter allen möglichen Namen, als: Akademien, Uebungsschulen und Eleventheater tauchen seit Kurzem obscure Institute auf, welche

3*

es sich, laut gedrucktem Programme, zur Aufgabe machen, dramatische Künstler zu bilden und heranzuziehen; in gleichem Maße wächst die Zahl der mit der theaterlustigen Jugend sich beschäftigenden dramatischen Lehrer.

Die Frage der Existenzberechtigung und der dringenden Nothwendigkeit dramatischer Bildungsanstalten und Theaterschulen für die deutsche Bühnenkunst ist eine bereits lang entschiedene; ich brauche diesfalls nur an Lessings Wort zu erinnern: „Jede Kunst muß eine Schule haben; jede Kunst muß schon in der frühesten Jugend durch gute Grundsätze vorbereitet und geleitet werden", sowie an den Ausspruch des bedeutendsten Dramaturgen der Gegenwart, an Heinrich Laube, der die Einrichtung einer Schauspielschule am Wiener Conservatorium in einem ausführlichen Aufsatze willkommen heißt.

Die Gegner dramatischer Unterrichtsanstalten — und zu diesen zählt leider noch immer ein großer Theil der Schauspieler selbst — wollen vor Allem die Existenzberechtigung obenerwähnter Schulen angreifen, indem sie sagen: Die allererste Bedingung für den dramatischen Darsteller heißt Talent. Kann Talent durch Lehrmethoden, Studium und Fleiß erworben werden? Nein. Wozu also dramatischer Unterricht? Diese Be-

hauptung, die man so oft zu hören bekommt,
ist leichtfertig, unrichtig und hält nicht Stich,
weil derartig Denkende ganz einfach über den
eigentlichen Zweck des dramatischen Unterrichtes
im Unklaren sind, der selbstverständlich nicht darin
bestehen kann, Talente zu erzeugen, zu schaffen,
sondern das immer vorauszusetzende und wirklich vorhandene Talent — diese conditio sine
qua non der Schauspielkunst — des Weiteren
auszubilden, zu veredeln, zu kräftigen.

Gerade die dramatische Kunst, die Kunst
der Menschendarstellung bedarf am allerdringend-
sten, nebst der unerläßlichen Grundbedingung des
Talents, gebildete, in allen Gebieten menschlichen
Wissens und menschlicher Erfahrung wohlunter-
richtete Jünger.

Die dramatische Darstellung verlangt ein
volles Vertrautsein mit der Sprache, mit dem
mündlichen Vortrage (Redekunst und Declamation), philosophische Studien, namentlich im Gebiete der Logik und der praktischen Psychologie,
eine genaue Kenntniß der heimischen wie der
fremden Literatur, der Weltgeschichte, Völker-
und Länderkunde u. s. w.

Nur dann, wenn theatralische Schulinstitute
es sich zur Aufgabe stellen, die angehenden Kunstjünger mit diesen für ihren künftigen Beruf so

nothwendigen und von manchen Schauspielern
nur zu gering beachteten Kenntnissen vertraut zu
machen, erfüllen dieselben ihren eigentlichen, die
wahren Interessen der Kunst fördernden Zweck.
Eine anders eingerichtete Theaterschule, ein so=
genannter dramatischer Unterricht, der im plan=
losen Eintrichtern von Rollen besteht, die dann
in handwerksmäßiger Manier auf irgend einem
zweifelhaften Uebungstheater, welches oft in
den Händen niedrigster Speculation liegt, an
den Mann gebracht werden; einen solchen dra=
matischen Unterricht, wie ich ihn noch des Nähe=
ren zu schildern gedenke, halte ich nicht nur
für unrichtig und überflüssig, sondern auch für
jede weitere künstlerische Entwicklung gefahr=
bringend.

„Um zum Theater zu gehen,‟ lautet der Aus=
spruch eines alten Bühnenpraktikers, „braucht
man dreierlei: Talent, Talent und noch einmal
— Talent!‟ —

Mit diesem Satze soll selbstverständlich nicht
die Nothwendigkeit obenerwähnter Kenntnisse und
Fertigkeiten für den Schauspielerberuf negirt
werden, sondern der unumgängliche Factor be=
zeichnet sein, von dessen Quantität und Qualität
allein das Fortkommen des die theatrale Lauf=
bahn Ergreifenden abhängt; in diesem Sinne ist

auch das Flugwort „das Talent allein bricht sich
Bahn" aufzufassen.

Daß endlich theatralische Institute errichtet
werden, wie die deutsche Schauspielschule am
Wiener Conservatorium (gegründet im Jahre
1874), welche es sich vor Allem zur Aufgabe
machen, der deutschen Schauspielkunst eine durch
sorgfältige Prüfung von Sachverständigen aus=
gewählte, talentvolle und gebildete Jugend zu=
zuführen, dieselbe den Unterricht anerkannter und
tüchtiger Lehrkräfte genießen zu lassen, wird jeden
wahren Freund dramatischer Kunst mit aufrich=
tiger Freude und Anerkennung für die Schöpfer
derselben erfüllen. Mit aller Energie und einer
rücksichtslosen Strenge sollten jedoch die dazu
berufenen staatlichen Organe im Vereine mit den
Theatervorständen und Pflegern der Bühnenkunst
auftreten gegen eine seit Jahren bestehende und
sich leider auch vermehrende Sorte von drama=
tischen Handwerksstätten, welche, geleitet von
unfähigen, unkünstlerischen, ja mitunter sogar
unsauberen Händen; jedem höheren und besseren
Kunststreben entgegen, als Brut= und Pflegeorte
der Talentlosigkeit, der Mittelmäßigkeit, der
Frivolität, mit einem Worte, des dramatischen
Vagabundenthums emporwuchern und dem deut=
schen Theater ein Proletariat schaffen, gegen

welches manche herumziehende Komödianten der
„Schmiere" noch hoch zu halten sind; denn diese
haben das Theater zu ihrem Berufe erwählt,
nicht um unter dem Deckmantel der Kunst ein
abscheuliches Gewerbe zu treiben oder ein für
keine Arbeit mehr taugliches und daher lang=
weiliges Leben in bequemer Faullenzerei hinzu=
bringen, nein; dieser armselige, von Dorf zu
Dorf wandernde dramatische Zigeuner trägt zu=
meist sein elendes, nur an Sorge und Entbehrung
reiches Dasein mit einem gewissen Stolze, der
aus einer vielleicht falsch verstandenen, aber ehr=
lich gemeinten Liebe zum Theater entspringt; er
lebt in dem aufrichtigen Glauben, durch sein
redliches Mühen und Plagen der Kunst zu dienen.

Gleich solchen Instituten, in denen auf ein=
fachstem und schnellstem Wege dramatische Künst=
ler „nach dem Dutzend" geschaffen werden, existirt
auch eine Sorte von dramatischen Unterrichts=
gebern, welche mit der sich ihnen anvertrauen=
den Jugend in gewissenloser Weise verfahren.
Ob nun wirkliches Talent vorhanden, ob die
geistigen und körperlichen Fähigkeiten eines Kunst=
jüngers derartig sind, daß sie, den Theaterberuf
zu ergreifen, als günstig erscheinen lassen — das
sind in solchen Fällen nebensächliche Fragen, die
am liebsten womöglich gar nicht erörtert werden.

Der Schüler wird aufgenommen, wird nach der herkömmlichen gewöhnlichen Manier gedrillt und spielt auf einem beliebigen derartigen Schultheater gegen baare Bezahlung, die er zu leisten hat, die schönsten Rollen; daß er den Besuchern dieser problematischen Theaterbuden gefalle, dafür sorgt schon die spekulative Direction, die „aufkeimende Talente" durch gedungenen Applaus zu ermuntern weiß.

Worin besteht nun eigentlich der dramatische Unterricht von solchen Lehrern, in solchen Anstalten? Die Frage ist schnell beantwortet: im Rollenstudium oder richtiger im Rolleneinstudiren; und wenn dieser alleinige Unterricht wenigstens mit Berücksichtigung der Individualität, der Eignung des Schülers für einen bestimmten Rollenkreis nach einem von dramaturgischen und künstlerischen Principien getragenen Systeme ertheilt würde! Diese Mühe macht man sich in den seltensten Fällen! Das simple Einpauken der Rollen hat eben seine zweifachen Annehmlichkeiten: den oberflächlichen, nach dramatischer Kost heißhungerigen Schülern ist das Ueben und Lernen der Rollen natürlich eine viel angenehmere und leichter dünkende Beschäftigung als die überflüssig scheinende Plage mit dem albernen „theoretischen Kram" von Sprechunter=

richt, Schulweisheit u. s. w.; den Lehrern hingegen wird oftmals durch das Ueberspringen
dieser theoretischen Vorträge ein ihnen selbst noch
unbekanntes Studium und manche Verlegenheit
erspart.

Damit soll nun aber keineswegs gesagt sein,
daß beim dramatischen Unterrichte das specielle
Studium von Rollen ganz ausgeschlossen bleiben
soll; ich halte nur den Unterricht, der sich aus-
schließlich damit befassen will, für unrichtig.
Weiter kommt es auch wieder sehr viel darauf
an, in welcher Art und Weise Theater-Eleven
mit dem Rollenstudium vertraut gemacht werden;
auch da soll nach einem gewissen Systeme vor-
gegangen werden. Einem Kunstnovizen gewisse
Rollen einzurichtern, d. h. ihm die Rolle einfach mit allen Betonungen, Nüancen, Pointen
und Effecten so lange vorsprechen und vorspielen,
bis sie der mehr oder minder gelehrige Schüler
mehr oder weniger genau seinem Lehrmeister
nachahmt, heißt mit dem Begriffe „dramatischer
Unterricht" schmählichen Unfug treiben. Wenn
ein Lehrer mit seinem Zöglinge beim Studium
einzelner Rollen angelangt ist, soll er vor Allem
darauf bedacht sein, in keiner Weise die bei dem
Lernenden vorhandene künstlerische Individualität und Originalität durch eine zu subjective

Einmischung seinerseits in ihrer Entwicklung zu
stören. Der dramatische Lehrer darf nicht vor
den Augen des Schülers gleichsam selbst produ-
ziren, sondern er soll sie durch eigene und auf
selbstständigem Denken beruhende Thätigkeit des
Lernenden entstehen lassen; im nöthigen Falle sei
er ein Nachhelfer und Berather. Die Phantasie,
das Gefühlsleben, das dramatische Darstellungs-
talent, die Schaffenskraft des Schülers muß an-
geregt werden, aus sich selbst herauszuarbeiten,
um vom Anfange an zu lernen, auf eigenen
Füßen zu stehen. Nur da, wo beim dramatischen Unterrichte eine derartige Methode ange-
wendet wird, kann von einem für die dramatische Kunst ersprießlichen Erfolge die Rede sein.
Ein solcher Unterricht führt allerdings nicht so
schnell, aber dafür auch wieder zu keinem illu-
sorischen Resultate.

Wie häufig lernt man im praktischen Bühnenleben junge begabte Schauspieler kennen, welche
ausgestattet mit einer Anzahl einstudirter Rollen,
die ihnen ohne jede tiefergehende und vernünftige
Anleitung zum Selbststudium beigebracht wurden,
am Beginne ihrer theatralen Laufbahn einen
Anflug zu großer Carrière nehmen, mit einem-
male aber — wenn das eingewerkelte Repertoire
abgespielt ist — von ihrer scheinbar erreichten

Höhe herabsteigen müssen, um zu einem neuer=
lichen und richtiger eingeleiteten Studium zurück=
zukehren, oder um in Folge von Muthlosigkeit,
Faulheit oder Selbstüberhebung, im großen Ge=
triebe der Mittelmäßigkeit unterzugehen. Eine
verkehrte Erziehungsmethode rächt sich früher
oder später in jedem Stande; am bittersten wohl
im Berufe der dramatischen Künstler!

Und doch! trotz all' dieser in die Augen
springenden Mängel und Verkehrtheiten einer
derartig fehlerhaften und planlosen dramatischen
Erziehungsmethode, liebt es ein großer Theil der
sich dem Theater widmenden Jugend, solche nur
zu schmerzlichen Enttäuschungen führende Pfade
einzuschlagen. Die Schuld an diesem vollstän=
digen Verkennen des richtigen und sachgemäßen
Weges zur Erreichung des Zieles liegt vorerst
in dem Mangel an wahrer, echter Begeisterung
für die Kunst, in der Unterschätzung ihrer hohen
Aufgabe, in dem krankhaften Bestreben, in mög=
lichst kurzer Zeit glänzende Carrière zu machen,
welches Streben ein sogenanntes „Dienen von
der Pike auf" als veraltet und überflüssig, gar
nicht mehr anerkennen will, schließlich in der
oben gerügten Systemlosigkeit des Unterrichtes
vieler dramatischer Lehrer, die durch ihre Manier
ein solches Vorgehen der dem Theater sich zu=

wendenden Jugend unterſtützen. Wer ein Haus
bauen will, fängt nicht mit dem Dachſtuhle an,
ſondern bereitet zuerſt ſorgſam den Grund vor,
auf welchem das zu errichtende Gebäude fußend
nach und nach, von unten hinauf entſtehen ſoll.
Dieſe gute und nicht ſorgſam genug zu prüfende
Grundlage iſt beim dramatiſchen Künſtler das
Talent; ohne dieſe Grundlage ſtürzt der, wenn
auch künſtlich mitunter in die Höhe gebrachte
Bau über kurz oder lang zuſammen.

Der dramatiſche Kunſtjünger erhebe ſich vor
Allem durch Aneignung der zu ſeinem künftigen,
erhabenen Berufe nothwendigen Kenntniſſe auf
jene geiſtige und moraliſche Höhe, die er erreichen
muß, will er dereinſt von ſeinem durch ein
gütiges Geſchick verliehenen Talente den richtigen
und edelſten Gebrauch machen: als ein wahrer
Prieſter der dramatiſchen Muſe durch ſeine Gebilde
die Menſchen bilden, erheben, erfreuen.

Beim Theateragenten.

Die Osterwoche, oder richtiger die Tage
vom Aschermittwoch bis zum Charsamstag
— das ist die dramatische Wanderzeit!
In diesen vier Tagen verlassen hundert und hun=
derte von Priestern und Priesterinnen Thalien's,
Polyhymniens und Terpsichoren's ihre ganz
oder halbjährigen Engagements in den verschie=
denen Städten, Städtchen und Märkten der
Provinz und wandern getrost — die einen mit
dem bequemen Dampfwagen, die andern mit ge=
wöhnlichem Fuhrwerk und ach, wie viele! auf
der Landstraße zu Fuße — nach der Hauptstadt
des Reiches, nach der, theatralisches Futter be=
dürfenden und bietenden Residenz. Hier ange=
langt, treffen wir diese dramatischen Wander=
vögel sammt und sonders auf dem Sammelplatze

des Bühnenverkehrs, an der Schauspielerbörse, im Bureau des Theateragenten.

Bei diesem alleinseligmachenden Gotte der Coulissenwelt suchen sie neue, für ihr Talent ersprießlichere und vortheilhaftere Engagements; beim Theateragenten schließt und löst man Contrakte; hier holen sich die selten am Ueberflusse leidenden Kunstjünger den theaterüblichen Vorschuß; in seinem Bureau arbeitet ein kleines Heer von Schreibern, der Prinzipal an der Spitze, im Auftrage der Intendanten, Direktoren, Schauspieler und Schauspielerinnen, Sänger und Primadonnen, Tänzer und Ballerinen.

Der Theateragent ist daher auch mit den weitgehendsten Vollmachten versehen und bedingt sein Geschäft einen vielseitigen, in allen Theaterverhältnissen wohlunterrichteten, gewandten Mann. Ihm fehlt deshalb auch selten die Kenntniß aller Ränke, Kniffe, Praktiken, Intriguen und Kabalen, die nun einmal das unvermeidliche Anhängsel des Theaterlebens, das traurige Erbtheil der Comödianten bilden.

Die Osterwoche ist da! — mit ihr das wandernde Schauspielervölkchen! Wo wir es aufzusuchen haben, wenn wir es ein wenig kennen lernen wollen; wir wissen es bereits: auf dem Theaterjahrmarkt, im Agentenbureau. —

„Heute ist Charfreitag! Das ist der stärkste
Tag im ganzen Jahr," ruft der die Treppe hinauf=
stürmende Schreiber des Theateragenten der Tochter
des Hausbesorgers, die gerne mit ihm ein wenig
geplaudert hätte, zu, und entschuldigt damit seine
ungewöhnliche Eile, mit der er heute hinauftrach=
tet nach den noch mit Zeitungsausschnitten, an=
gefangenen Briefen, zerrissenen Contraktsformu=
laren und Staub bedeckten Tischen der Kanzlei,
welche, zum alten Urstand der Sauberkeit zurück=
zuführen, seine, des jüngsten Schreibers, ver=
dammte Schuldigkeit ist.

Nachdem er mit genauer Sorgfalt das
Arbeitszimmer des Prinzipals gesäubert, den
Schreibtisch geordnet, die Möbel abgestaubt und
den großen Künstlern, die „in unbegrenzter Ver=
ehrung" oder „mit aufrichtigsten Gefühlen der
Dankbarkeit" an den Wänden hängen, mit dem
Federwisch über die bartlosen Gesichter gefahren,
eilt er hinaus in das große, geräumige Empfangs=
zimmer, welches mehrere Riesenschreibtische und
Pulte, sowie verschiedene altmodische Kanapee's,
Fauteuils und Sitzbänke, die sich hier befinden,
als den eigentlichen Tummelplatz des kommen=
den Verkehrs erscheinen lassen.

Nach wenigen Minuten hat auch hier die
Unordnung auf den Arbeitsplätzen weichen müssen,

4*

und unſer Schreiber, einen flüchtigen Blick nach
der — Gott ſei Dank! — nur alle acht Tage
aufzuziehenden Penduluhr werfend, beendet, in=
dem er noch raſch den Federwedel über die faden=
ſcheinigen Möbel tanzen läßt, ſeine tägliche Stuben=
mädelarbeit richtig noch vor dem Eintritt ſeiner
älteren Collegen.

Die Uhr ſchlägt acht. In kurzen Zwiſchen=
pauſen öffnet ſich dreimal die Eingangsthüre und
drei hagere Geſtalten, den Eindruck der richtigen
„Schreiberſeelen" erweckend, treten ein, begrüßen
ſich gegenſeitig mit einem trockenen „Gu'n Morg'n"
und beſteigen alsbald ihre abgeſeſſenen Drehſtühle.

Draußen, auf dem Meſſingſchilde der Thüre
iſt zwar zu leſen: Bureauſtunden von 9 — 12
Uhr; aber dieſe Stundeneintheilung hat keine
Gültigkeit für die gegenwärtige Woche: „Morgen
haben die Herren um eine Stunde früher zu
kommen" ſchnarrte es geſtern aus dem Munde
des Chefs — und ſie kamen auch um eine volle
Stunde früher wie gewöhnlich und arbeiteten
bereits über Hals und Kopf, als zehn Minuten
vor 9 Uhr die Thüre ſich neuerdings öffnete, und
der „Herr Direktor" — Theateragenten lieben
es, ſo genannt zu werden — die unvermeidliche
Cigarre im Munde — eintritt.

Die Skribenten fahren von ihren Stühlen

in die Höhe, und im wohlgeübten Vierklang er=
schallt ihr „Gu'n Morg'n, Herr Direktor"!„ Gu'n
Morg'n" tönt es zurück, und mit wohlgefälligem
Lächeln den Fleiß seiner pünktlichen Leute be=
lohnend, verschwindet der Theateragent in sein
Arbeitskabinet.

Eine kleine Viertelstunde noch, und es
beginnt die dramatische Völkerwanderung. In
zahlloser Reihe kommen sie gewandert, die Enga=
gement= und Vorschuß=bedürftigen Künstler nach
dem Bureau des für sie väterlich, mitunter auch
stiefväterlich sorgenden Vermittlers.

Betrachten wir die Eintretenden ein wenig
näher, hören wir, wer sie sind, woher sie kommen,
wohin sie gehen. Derartige Fragen richtet der
nächst der Thüre, sitzende, jüngste Schreiber an
alle Besucher des Bureau's und meldet dann
Jeden und Jede einzeln seinem im „Heiligthum"
waltenden Chef, dem hiedurch die günstige Ge=
legenheit geboten wird, sich auf jeden Besuch
gehörig — vorzubereiten.

In den laufenden Vormittagsstunden findet
sich nun eine „gemischte Gesellschaft", im voll=
sten Sinne des Wortes zusammen; gemischt in
Bezug auf ihre äußere Erscheinung, ihr Auf=
treten, ihre Fachverschiedenheit, gemischt bezüg=
lich ihrer Wünsche. Eine lange, hagere Figur

tritt herein. Kummer und Sorgen liegen ausgeprägt in den faltenreichen Zügen seines abgehärmten Gesichtes. Es ist ein Komiker — Scherz bei Seite! — Er kommt zu Fuß von dem Marktflecken M. und hat durch den Agenten ein „vortheilhaftes Engagement" nach dem ungarischen Badeorte P. erhalten. Heute holt er sich hier sein Reisegeld; dem Manne kann mit 2 G. 80 X. geholfen werden. Zwei gut aber auffallend gekleidete junge Männer betreten mit einer, starkes Selbstbewußtsein verrathenden Haltung die Kanzlei. An ihren breitkrämpigen, kühngeschwungenen Cylindern — erstes Erforderniß eines halbwegs anständigen Schauspielers! —, an ihrem durch Friseurkünste erzeugten Lockenhaar kann man die Darsteller des schwärmerischen Carlos und des ritterlichen Posa erkennen — es sind zwei „erste jugendliche Helden und Liebhaber"; gar zuversichtlich blicken sie auf die sie begrüßenden Schreiber, als wollten sie sagen: Glücklich der Direktor, der Kerle, wie wir, gewinnt! Die Beiden haben heuer in der Provinzhauptstadt G. gute Benefice gemacht; die „jugendlichen Liebhaber" sind in diesem Punkte, aus leicht begreiflichen Gründen, stets vom Glücke begünstigt und befinden sich sonach am ehesten in der angenehmen Lage, „standesgemäß" auftreten zu können.

Mit grinsendem Lächeln schleicht ein wilder „Franz Moor" herein und ersucht im hohlen Grabeston um „eine Besprächung mit dem Herrn Dürärtor!"

Die Damen der Kunst, Schauspielerinnen, Sängerinnen, Ballerinen; sie kommen in diesen Tagen alle, von der jüngsten Backfisch=Darstellerin bis zur ältesten jugendlichen Liebhaberin, von der lustigen Soubrette bis zur zärtlichen Mutter, von der gefeierten Primadonna bis zur armseligen Choristin; und alle kommen sie in ihren schönsten Gewändern, in ihren reichsten Toiletten, denn mehr noch, wie ihre männlichen Collegen halten sie auf den günstigen Eindruck der äußeren Erscheinung. Bald ist das Bureau mit Engagementsuchenden vollgefüllt. Während nun der Theateragent mit Jedem und Jeder, die seine Hülfe in Anspruch nehmen, allein, oft sehr eingehend, in seinem Arbeitszimmer verhandelt, die Absolvirung der Parteien also nur langsam vor sich geht, unterhält sich da draußen im Vorsaale der aus allen Weltgegenden zusammengekommene Schwarm in ungebundenster und lebhaftester Weise; wird der Lärm gar zu groß, dann dämpft wohl der älteste Schreiber durch ein langgezogenes „Pschschscht" den Sprecheifer des aufgeregten Künstlervölkchens. Alte Bekannte kommen hier nach Jahren wieder zusammen, neue Freundschaften werden geschlossen; wie viele Liebes= verhältnisse finden hier im Bureau des Theater= agenten ihren luftigen Anfang; wie viele hier auch ihr trauriges Ende!

Hier erzählt eine „Sentimentale" von ihren unglaublichen Erfolgen als Gretchen, von den Kränzen und Gedichten, die es am Tage ihrer Ab= schiedsvorstellung in L. auf sie herabregnete; dort berichtet eine tragische Heldin ihrer langjährigen Busenfreundin, einer guterhaltenen „komischen Alten", von ihren fabelhaften Triumphen als „Jungfrau". Zwei niedliche Balletnymphen schäkern mit dem am Pulte arbeitenden Schreiber, während sein bei der Eingangsthüre placirter Collega schon seit einer halben Stunde die nichts weniger als interessante Lebensgeschichte eines von jeder Direktion verkannten und unterdrückten Charakterspielers pflichtschuldigst anhört. In der Mitte des Zimmers, auf dem breiten, schwarzleder= nen Kanapee sitzt ein munteres, vorlautes weibliches Kerlchen mit kohlrabenschwarzen Augen und einem kecken Stumpfnäschen, eine flotte „Lokal= fängerin"; rechts und links neben ihr, als Garde, zwei „jugendliche Gesangskomiker", die es beide auf das kleine Stumpfnäschen abgesehen zu haben scheinen.

Diese drei heiteren Repräsentanten der Posse
befinden sich in der ausgelassen lustigsten Stim=
mung, sie lachen und scherzen und schäkern in
der ungenirtesten Weise; die beiden Komiker über=
bieten sich gegenseitig in der Erzählung von,
mitunter etwas gewagten Anekdoten, die bei
ihrer übermüthigen Fachkollegin ein schallendes
Gelächter hervorbringen, zum Entsetzen des
„feineren Lustspiels", dessen Repräsentantin, eine
gesetzte Anstandsdame aus B., bei jeder Lachsalve
unter der Schminke erröthet. Schon einigemale
warf die in unmittelbarer Nähe des lustigen
Terzetts sitzende „zärtliche Mutter" aus S.
mahnende Blicke auf die drei heillosen Spektakel=
macher, gar oft baten „die in ihrer Arbeit ge=
störten" Schreiber um Ruhe — was kümmert
dies alles die drei! — sie lachen und tollen weiter,
bis endlich die laute Trias durch den Einlaß
der Lokalsängerin in das Arbeitskabinet des
Agenten zerstört wird. Ein baumlanger „Helden=
spieler" mit flatternder Mähne und ein behäbiger
„ernster Vater", Repräsentanten der schweren
Tragödie und des höheren Schauspiels betrachten
aus einer Ecke etwas „von oben herab" das
rege Getriebe der kunterbunten Gesellschaft.

Kommt innerhalb dieser Kanzleistunden in
der Osterwoche zufällig ein bedeutender Künst=

ler der Residenz in das Agentenbureau, dann
geräth das Theatervölkchen aus der Provinz in
keine gelinde Aufregung. „Das ist der C., das
ist der C. vom Hoftheater", geht's von Mund zu
Mund, und alles guckt neugierig dem sogleich vorge=
lassenen berühmten Mimen nach. Während derselbe
„drinnen" mit dem lieben „Direktor" eine Gast=
spieltour für den Sommer bespricht, erzählt man
„draußen" von der Zeit, wo C. noch in T. als
Statist, in O. als Chorist und in B. als „kleiner
Schauspieler" engagirt war; wie es ihm viele
Jahre lang schlecht gegangen sei und wie es
endlich gekommen, daß er heute eine solche Stel=
lung an einem ersten Theater einnimmt.

An dieses über C. Mitgetheilte knüpfen sich
nun meist zweierlei Betrachtungen: die Aelteren
sprechen vom „Glück, das man haben muß",
das jenem wohl wollte, ihnen aber leider nie
im Leben hold gewesen, die Jüngeren trösten
sich damit, es in einigen Jahren wohl auch
so weit zu bringen, wie der die Kanzlei eben
wieder verlassende, angesehene Künstler der Re=
sidenz.

Die Petenten sind nach und nach alle vor=
gekommen und haben durch den Theateragenten
die Erfüllung ihrer diversen Wünsche erreicht;
ob alle ihre Ansprüche auch wirklich befriedigt

worden sind, das kann erst eine spätere Zeit entscheiden; vorläufig haben sie Contrakte und Vorschüsse in der Tasche, und das ist ja bei den Meisten die Hauptsache.

· Gegen die Mittagsstunde verliert sich allmälig der Schwarm, und nach 1 Uhr ist das große Zimmer nur mehr von den die letzten Federzüge machenden Schreibern besetzt.

Der Herr Direktor verläßt sein Bureau; die Schreiber fahren von ihren Sitzen empor! „Also morgen wieder um 8, meine Herren!" Ein stummes Kopfnicken — ein lautes „Wohl zu speisen, Herr Direktor" ertönt im Chorus.

Der jüngste Schreiber reicht noch schnell ein Zündholz für die frische Cigarre und der Chef ist verschwunden; bald darauf folgen die Schreiber seinem Beispiele. —

Der Schlüssel knarrt — die Theateragentur ist für heute geschlossen.

Moderne Theaterzustände.

Es ist eine, leider nicht mehr zu läugnende Thatsache, daß im Allgemeinen der Theater= besuch im Vergleich zu dem in früheren Zeiten ein schwächerer geworden. Diese Abnahme an Publikum werden mir, wenn auch mit schwe= ren Herzen, die Herren Theaterdirektoren in der Residenz, wie ihre Herren Collegen in den Pro= vinzen bestätigen müssen. Mit diesem Kleiner= werden des eigentlichen Theaterpublikums hängt nun wohl auch die, namentlich in Provinz= städten bereits landläufig gewordene Klage der das Theater frequentirenden Leute zusammen: „Um wie viel besser und tüchtiger als jetzt war unsere Bühne in früheren Jahren!" Die eventuelle Wahrheit oder Grundlosigkeit dieses, mir vor= zugsweise in der Provinz so häufig zu Ehren gekommenen Satzes, wäre also zu ermitteln.

Diesbezüglich ist es vor Allem nothwendig, einen, wenn auch nur flüchtigen Blick auf unsere gesammten gegenwärtigen Theaterverhältnisse, sowohl Residenz — wie Provinzbühnen betreffend, zu werfen, um zur Einsicht zu gelangen, ob und inwieweit Theaterverleiher, Direktoren, Regisseure, darstellende Künstler und vielleicht auch das Publikum selbst an diesem vermeintlichen Abwärtsschreiten der theatralischen Institute Schuld tragen.

Da ich mir in diesen Zeilen vorzugsweise die Besprechung der Bühnenzustände in der Provinz zur Aufgabe gemacht habe, werde ich mich mit der Darstellung der Theaterverhältnisse in der Residenz nur insoweit beschäftigen, als selbe meinem eigentlichen Gegenstande dienlich und erforderlich sind.

Die goldenen Zeiten der Residenztheater, denen ein einziges Stück für hundert von Abenden gefüllte Kassen macht, die guten alten Zeiten, in welchen ein bekannter Wiener Vorstadtdirektor aus dem ersten Stockwerk des Theatergebäudes der unten lärmend den Einlaß begehrenden Menge zurufen konnte: „Wenn's jetzt nicht gleich ruhig seid's, so mach ich heut gar nicht auf!" — sie sind lange vorüber.

Mit Ausnahme der Hoftheater, welche in

Folge ihrer gesicherten finanziellen Hilfsquellen, stolz auf alle übrigen dramatischen Kunstinstitute herabblicken können, müssen die Privatbühnen der Residenz, um ihre Existenz unter den jetzigen, so theaterunfreundlichen Zeitverhältnissen nur halbwegs zu ermöglichen, eine das künstlerische wie technische Personal geradezu aufreibende Thätigkeit entwickeln. Novitäten! das ist die leider Gottes einzig richtige Losung der modernen Theaterleiter. Dasjenige Bühneninstitut, welches unter den heutigen Theaterverhältnissen vierzehn, ja auch nur acht Tage hindurch mit der Vorführung von Novitäten aussetzen würde, kann mit trauriger Bestimmtheit auf eine bedeutende Herabminderung der Tageseinnahmen rechnen. Nicht so die Hoftheater! Die haben ihre Subventionen und ihre Abonnenten; — und wenn auch bei zu oftmaliger Wiederholung eines Stückes die letzteren ausbleiben — so bezahlen sie doch ihre Abonnementsquote, und das ist ja wie bei jedem Geschäfte — schließlich doch das Entscheidende.

Woher kommt nun diese oben näher angeführte Herabminderung der Theatereinnahmen? Sie hängt in erster Linie zusammen mit der sich in allen gesellschaftlichen Kreisen bemerkbar machenden größeren Sparsamkeit und erklärt sich ferner aus der schon früher erwähnten entschiedenen Abnahme des eigentlichen Theaterpublikums. Unter diesem, im engsten Sinne des Wortes genommenen „Theaterpublikum" verstehe ich diejenigen Kunstfreunde, welche zum Mindesten zwei bis dreimal in der Woche ein und dasselbe Theater besuchen. Diese bilden das sogenannte Stammpublikum, auf welches der Theaterdirektor sicher rechnen kann und soll. Jedes Theater, in der Residenz sowohl, wie in den Provinzstädten hat ein solches, größer oder kleineres Stammpublikum. Die Aufgabe der Theaterleitung muß also vor Allem dahin gerichtet sein, das Stammpublikum für jeden einzelnen Tag zu fesseln, um es sich bleibend für das Institut zu erhalten.

Nun kommt aber der Rechenmeister auch über das Theaterbudget. Derjenige Besucher eines Theaters, der sich noch vor wenigen Jahren ein treffliches Stück, eine besonders gelungene Darstellung, die ihm behagte, ein zweites, vielleicht auch ein drittes Mal angesehen . . . spart heute und lernt für dasselbe Geld an Stelle der Repetitionen des alten lieber ein neues Stück kennen; seine Besuche bei Wiederholungsvorstellungen entfallen also, und der Theaterdirektor, der das Ausbleiben seines Stammpublikums aus leicht begreiflichen Gründen nicht vertragen kann,

ſieht ſich nolens volens gezwungen, dem etwai=
gen Ausfall durch raſche Aufeinanderfolge der
Novitäten zu begegnen.

Und wirklich, die Arbeitskraft der heutigen
Theater iſt im Vergleiche mit vergangenen Zeiten
geradezu um das Doppelte erhöht worden.

Was heutzutage Direktoren, Regiſſeure, dar=
ſtellendes und techniſches Perſonal eines Theaters
in der Reſidenz leiſten müſſen, um den Kampf
mit den ſo theaterunfreundlichen Verhältniſſen
halbwegs ſiegreich durchzuführen, iſt wahrlich
nichts Geringes, und jener Theil extra thea-
trum lebender Menſchen, welche, weiß Gott
aus welchem Grunde, Theaterleben gleichbedeu=
tend mit „luſtigem, leichtem Leben" nehmen,
kann ſich aus nachfolgenden Ausführungen einen
Beweis des Gegentheils holen. Ich habe mich
ſchon des öfteren über obige ſinn= und ver=
ſtändnißloſe Phraſe ernſtlich ereifert und nie be=
griffen, wie ſo häufig ſelbſt gebildete Leute dieſen,
vielleicht auf einzelne dem Theater angehörige
Perſonen anzuwendenden Satz auf das Allge=
meine übertragen können. Wer es wahrhaft
ernſt und ehrlich mit ſeinem Berufe — und mag
dies was immer für einer ſein — meint, der
führt überhaupt kein „leichtes" Leben; ohne Stre=
ben und Fleiß iſt in keinem Beruf etwas dau=

ernd Tüchtiges zu erreichen, am allerwenigsten
gewiß auf dem Gebiete der dramatischen Dar=
stellungskunst.

Von der enormen Leistungsfähigkeit der
gegenwärtigen Schauspieler in der Residenz wird
man sich einen annähernden Begriff machen,
wenn ich, nach genauer Einsicht in die betreffen=
den Bücher, berichten kann, daß Mitglieder, welche
im Laufe von zehn Monaten an 220 Abenden
in größeren und kleineren Rollen die Bühne
betraten, heutzutage an Wiener=Theatern keines=
wegs zu den Ausnahmen gerechnet werden
dürfen; dazu kommen die seit einer Reihe von
Jahren an den Privattheatern eingeführten Nach=
mittagsvorstellungen — circa 46 in einer Saison —,
welche den im Repertoire eingebürgerten Schau=
spielern oft die keineswegs angenehme Gelegen=
heit bieten, Sonn= und Feiertags von zwei Uhr
Nachmittags bis zehn Uhr Abends ununterbrochen
im Theatergebäude sich aufzuhalten.

Berechnet man nun noch die Zeit, welche
einerseits für die Proben, die bei jedem neuen
Stücke — und jede Woche bringt fast ein solches
— sich auf fünf bis acht belaufen, nothwendig
ist und andrerseits für das Memoriren und
Ausarbeiten der Rollen in Anspruch genommen
wird, so muß man mir wohl zugestehen, daß

die „Arbeit" der heutigen Schauspieler, namentlich in der Residenz, meiner oben ausgesprochenen Behauptung entsprechend und nichts weniger als gering anzuschlagen ist. Aber auch was die artistische Leitung, Direktion und Regie anbelangt, sind die Anforderungen, die man heutzutage an diese Branchen macht, bedeutend höhere und schwierigere geworden. Abgesehen von den gewöhnlichen fortlaufenden Direktionsgeschäften und der Inscenesetzung der Stücke, welche durch das rasche Aufeinanderfolgen und Drängen der Novitäten allerdings auch verdoppelte Anstrengungen erforderlich machen, ist vor Allem die Erledigung der in jedem Theaterbureau zahllos einlaufenden Stücke eine nicht nur schwierige und zeitraubende, sondern auch in den meisten Fällen eine sehr undankbare Aufgabe. Die dramatische Produktion in Deutschland ist quantitativ eine außerordentliche; namentlich gegenwärtig. Ich führe in dieser Beziehung ein mir am nächsten liegendes und gut bekanntes Institut, das Wiener-Stadttheater, zum Beweise an. Seit dem Bestande dieser Bühne, d. i. seit September 1872 wurden bis Ende des Jahres 1878 über 2400 dramatische Arbeiten zur eventuellen Aufführung eingereicht; es kommt also in diesen sechs Jahren durchschnittlich auf jeden Tag ein eingereichtes

Stück! — Und wenn unter je 100 erledigten
zwei aufführbare sich befinden, so ist das schon
ein glücklicher Zufall. Unter 2400 eingesandten
dramatischen Werken — und was wird in dieser
Richtung einer Theaterdirektion nicht alles zuge-
muthet — sind selbstverständlich die Arbeiten
namhafter und accreditirter dramatischer Autoren
nicht miteingerechnet. Diese, nur spärlich gesäten
Werke bedeutenderer Theaterdichter werden bald
im raschen Wechsel des Repertoire's verschlungen,
und es muß nach Aushilfe gesucht werden in
der Theaterliteratur fremdländischer Bühnen und
in dem Wuste obenerwähnter eingereichter Stücke,
meist Erstlingswerke von unbekannten Verfassern,
deren Arbeiten noch nicht das gefährliche Lampen-
licht erblickt haben. Jeder Autor will sein Stück
aus guten Gründen zuerst auf einer Residenzbühne aufgeführt sehen; er weiß recht gut, daß
es ihm — falls das zur Aufführung gebrachte
Stück den Beifall der Kritik und des Publikums
der Hauptstadt erringt — ein Leichtes ist, sein
Werk auch auf allen andern Hof=, Stadt=
und Provinztheatern zur Darstellung gelangen
zu lassen. Das Risico übernehmen also in erster
Linie die Theaterleitungen in der Residenz. Die
leitenden Persönlichkeiten, bei welchen ich lite-
rarische und fachliche Kenntnisse selbstredend voraus=

setze, arbeiten bei der Inscenirung eines derartigen Stückes trotzdem mehr oder weniger auf gut-Glück.

Ein richtiges Gefühl, eine geschickte Einrichtung, eine kundige Hand bei der Inscenesetzung sind unumgänglich nothwendig und sind alle Faktoren beisammen, dann kommt es trotz sorgfältiger Arbeit dennoch — leider wie oft — vor, daß Kritik und Publikum (oft auch nur eines oder das andere) kein Behagen an der vorgesetzten dramatischen Kost finden, und all die Mühe und Plage, welche Inscenirung, Studium der Rollen, Proben u. s. w. verursachten, waren umsonst, und das Theater beklagt einen doppelten Verlust: an Zeit und an Geld; man beginnt unverdrossen und rastlos dieselbe Arbeit mit einem nächsten Stücke und genießt wirklich in nur zu selten gewordenen Fällen die Annehmlichkeiten eines länger andauernden Erfolges. Mit welcher olympischen Ruhe und Behaglichkeit können dagegen die Leiter subventionirter Hof- und Stadttheater, ja selbst die Direktoren kleiner Provinzbühnen dieser dramatischen Hetzjagd ihrer Collegen an den Privattheatern der beiden Kunst-Residenzen Wien und Berlin, welche Hetzjagd wie ich allerdings zugestehen muß, keineswegs auf das wahre Gedeihen der Bühnenkunst und Künstler förderlich einwirken kann, zusehen.

Ich komme nach dieser flüchtigen Betrachtung der großstädtischen Theaterverhältnisse nunmehr auf mein eigentliches Thema: auf die Provinzbühnen und ihren gegenwärtigen Zustand zu sprechen.

Welchem aufmerksamen und unparteiischen Beobachter theatraler Verhältnisse könnte es entgangen sein, daß die Bühneninstitute in den Provinzen überhaupt und darunter sehr viele österreichische Theater seit einer Reihe von Jahren im entschiedenen Niedergange begriffen sind. Wo sind die Ursachen dieses langsam schreitenden, aber sicheren, künstlerischen und materiellen Verfalls unserer meisten Provinzbühnen zu suchen? Ich will mich hiermit nach bestem Wissen und unmaßgeblicher Beurtheilung der Sachlage bestreben, die Schäden, an denen manche unserer, einst für gut und tüchtig erkannten Theaterinstitute leiden oder bereits zu Grunde gingen, aufzudecken und auf diese Weise einen schwachen Versuch machen, einen kleinen Beitrag zu der, von allen wahren und aufrichtigen Freunden des deutschen Theaters und der deutschen Schauspielkunst sehnlichst gewünschten und dringend nothwendigen Regenerirung des Theaterwesens zu liefern.

Das Theaterpublikum in der Residenz ist

geringer geworden, ebenso das Theaterpublikum in den Provinzstädten; die allgemeinen finanziellen Calamitäten, in denen wir uns befinden, wirken gleichmäßig lähmend, hier wie dort, auf die das Theater frequentirenden und zahlenden Besucher. Diese Abnahme an Publikum zeigt sich am auffälligsten im schwachen Winterabonnement, wie ein solches fast an jeder Provinzbühne existirt. Die Abonnements bilden die Grundlage; an ihnen betheiliget sich in der Provinz das sogenannte Stammpublikum eines Theaters.

Das Abonnement ist für den Provinztheaterdirektor ein Gradmesser des Theaterbesuches, die eingegangenen Abonnementsbeträge repräsentiren die finanzielle Basis seines Unternehmens. Ein alter erfahrener Provinztheaterdirektor machte mir gegenüber einmal die etwas schroffe, aber ganz zutreffende Bemerkung: eine Provinzstadt, in welcher kein Abonnement für die Wintersaison zu Stande kommen kann, braucht überhaupt kein Theater. Ein gutes Abonnement sichert im Vorhinein mehr oder weniger den materiellen Bestand einer Bühne, und das ist immerhin schon ein nicht zu unterschätzender Vortheil.

Trotzdem nun, wie ich oben erwähnt, der Theaterbesuch im Allgemeinen eher ab- als zunimmt, bin ich doch der festen Ueberzeugung, daß es, namentlich in größeren Provinzstädten durchaus nicht so schwer sein kann, ein halbwegs annehmbares Abonnement zu Stande zu bringen, wenn nur andrerseits die sicheren Garantien geboten würden, daß auch künstlerisch Tüchtiges, natürlich den Anforderungen jeder Stadt entsprechend, geleistet werden wird.

Bei Beantwortung dieser Frage gelangen wir zu unserm eigentlichen Gegenstande, zur Entdeckung der Grundursachen des Theaterverfalles und der Erörterung der Schäden an den meisten Bühnen in der Provinz.

Wer bietet solche Garantien? Wer kann und muß sie allein bieten? In erster Linie jedenfalls der jeweilige artistische Leiter, der Theaterdirektor. Von Heinrich Laube hörte ich einst eine treffliche Aeußerung: „Schauspieler, Soldaten und eine Räuberbande brauchen tüchtige Führer, sonst sind alle drei verloren"; und die Wahrheit des absonderlich scheinenden Ausspruches des allbekannten Bühnenpraktikers zeigt sich am deutlichsten im Theaterleben der Provinz. Steht jedem derartigen Bühneninstitute ein tüchtiger, künstlerisch und sachlich gebildeter Mann vor? Bis auf wenige Ausnahmen wird man die Frage entschieden verneinen müssen. Wie viel Ignoranz, Rohheit, Gleichgiltigkeit, Unverstand und maßlose

Selbstüberhebung finden wir mitunter auf solchen
Direktionsstühlen! Wenn man einzelne Provinz=
theaterdirektoren dem Publikum etwas genauer
vorführen wollte, man könnte eine „sehr ge=
mischte" Gesellschaft zusammenstellen, eine Ge=
sellschaft, rekrutirt aus zu Grunde gegangenen
Comödianten, Geschäftsleuten, stadtbekannten
Geldverleihern, Oberkellnern u. s. w.; man stieße
da auf Subjekte, die kaum im Stande sind, ihren
Namen zu zeichnen, aber wohl im Stande —
ein Kunstinstitut zu leiten. Freilich, die Art
und Weise, wie sie diesem ihrem Amte nachkom=
men, ist eine ganz eigenthümliche und merk=
würdige. Die persönliche Unfähigkeit vieler
Direktoren von Provinztheatern ist ein Haupt=
grund für den Niedergang der betreffenden Büh=
nen als Kunstinstitute, und wer ein Theater,
welches doch zu den Bildungsanstalten einer
Stadt gezählt werden soll, an derlei unfähige
und jedes bessere Kunststreben perhorrescirende
Individuen verleiht, trägt einen gleichen, wenn
nicht größeren Theil der Schuld mit.

Jeder Theaterverleiher — sei dies nun
eine Behörde, eine Gemeinde, eine Gesellschaft
oder eine einzelne Person — sollte mit der größt=
möglichsten Strenge und Gewissenhaftigkeit bei
der Wahl eines Bühnenvorstandes zu Werke

gehen; gerade in der leichtfertigen und verständ=
nißlofen Verleihung liegt das erfte Uebel; mit
ihr wird ein Hauptfehler begangen, für welchen
im Laufe der Zeit das an einem folchen Theater
angeftellte Künftlerperfonal, das Publikum und
fchließlich der Ruf eines Kunftinftitutes leiden
müffen. Wer ein Theater zu vergeben hat, der
bedenke vor Allem, daß ein gut und tüchtig ge=
leitetes Theater, abgefehen von dem materiellen
Erträgniffe, welches gewöhnlich mit der künftle=
rifchen Qualität desfelben gleichen Schritt hält,
auch eine Stätte der Bildung fei und daß ein
Theaterdirektor, alfo der Vorftand diefes Bildungs=
inftitutes, eine Perfönlichkeit fein muß, welche
vollftändige künftlerifche und finanzielle Garan=
tien zu bieten im Stande ift. Ich wiederhole,
künftlerifche und materielle Sicherheit muß vor=
handen fein. Der Leiter eines Theaters foll ein
Mann von allgemeiner Bildung fein, vorzugs=
weife literarifch und dramaturgifch unterrichtet,
ausgerüftet mit praktifcher Kenntniß des internen
Theaterbetriebes; er foll fich aber auch finanziell
in guten, ficheren und geordneten Verhältniffen
befinden, damit er das von ihm zu führende
Theater nicht ausfchlißlich als ein Gefchäft
betrachtend, auch den künftlerifchen Intereffen
gebührende Rechnung tragen könne.

Wenn dies nun unter den heutigen schwierigen Zeitverhältnissen von einem Theaterdirektor verlangt werden kann, so müssen anderer-
seits aber auch die Theaterverleiher selbst (Behörden, Landstände, Gemeinden u. s. w.) das zu
vergebende Theater nicht als eine zu melkende
Kuh, als eine Geldquelle betrachten, sondern den
jeweiligen Bühnenvorstand in seinen Bemühungen
und Bestrebungen nach jeder Richtung hin zu
unterstützen suchen. Wie kann und soll aber
ein Theaterdirektor allen Anforderungen des
Publikums und der Kritik voll entsprechen und
ein ordentliches Theater herstellen, wenn ober-
wähnte Unterstützung von Seiten der Theaterverleiher ausbleibt und er ohne irgend welche
Subvention, die doch alle Hof- und viele größere
Theater in großen Städten beziehen, für die
Erhaltung eines Kunstinstitutes auch noch eine
mehr oder weniger bedeutende Pachtsumme zu
zahlen verpflichtet ist.

Auf Theaterverleiher, wie Privatgesellschaften
oder einzelne Personen, also auf private Eigenthümer irgend eines Bühneninstitutes können
sich meine Auslassungen selbstverständlich nur
theilweise beziehen, da in diesem Falle das Theater
einfach als Ertragsobjekt betrachtet wird, welches
seinem Besitzer so und so viel Pacht als Zinsen

abwerfen muß. Ich wende mich vorzugsweise
gegen Behörden, Landstände und Gemeinden,
welche am ehesten in der Lage wären, meine
wohlgemeinten Rathschläge zu beherzigen. Wie
viele Beispiele für meine Behauptungen bieten
gerade in jüngster Zeit die immer trostloser sich
gestaltenden Zustände mancher unserer Provinz=
theater; wie lange noch wird man maßgebenden
Ortes fortfahren, durch engherziges und kurz=
sichtiges Verkennen der Theaterverhältnisse die
dramatische Kunst und ihre Heimstätten, Direk=
toren und Künstler und in letzter Linie auch
das theaterfreundliche Publikum auf's Empfind=
lichste zu schädigen!

Lange Zeit aber braucht es und theures
Geld kostet es, um ein einmal in Verruf ge=
kommenes Theater halbwegs wieder auf eine
künstlerische Höhe zu bringen.

Ein weiterer Uebelstand im Provinztheater=
wesen liegt im Mangel einer tüchtigen künstle=
rischen Führung auf der Bühne selbst, im Mangel
oder sporadischem Vorhandensein tüchtiger Re=
gisseure. Es ist sich nicht zu verhehlen, daß an
vielen Provinztheatern die Regie im Argen
liegt. Ich welch' unberufenen und unfähigen
Händen ruht oft diese für das innere Theater=
leben so wichtige Gewalt! Der Regisseur ist die

Seele eines Theaterwesens; eine schlechte Regie — ein schlechtes Ensemble, schwache Einzelleistungen; das sind natürliche Folgerungen.

Bezüglich der aufzuführenden Stücke sind die Sorgen des Regisseurs einer Provinzbühne doch wahrlich geringe; es ist für ihn nicht so schwierig, ein gutes, jeder Richtung entsprechendes Repertoire zusammenzustellen. Abgesehen von dem großen Fond klassischer Stücke, den Werken unserer gefeierten heimischen Dichter und bedeutenden Bühnenschriftstellern, welche zu Gebote stehen und die das einzige Theater einer Provinzstadt unbehindert geben darf, da kein Concurrenzinstitut demselben Schwierigkeiten bereitet, wie in der Residenz, wo sich oft um eine Comödie vier Theaterdirektoren bemühen — also davon abgesehen — braucht der künstlerische Leiter einer Provinzbühne bei Novitäten ja eigentlich nur das zu geben, was in der Residenz bereits einen gewissen Erfolg errungen hat; mit kurzen Worten: diejenigen sicheren und bühnenwirksamen Stücke, welche die Feuerprobe von der strengen Kritik und dem difficilen Publikum der Residenz bereits bestanden haben. Der Regisseur einer Provinzbühne kommt auf diese Weise sehr selten in die unangenehme Lage, seine und seines Personals Mühe und Arbeit

an zweifelhafte Produkte der dramatischen Muse
zu verschwenden.

Worin liegt also nun seine wichtige und
nutzbringende Thätigkeit? Sie liegt hauptsächlich
in der kunstgerechten, gewissenhaften und sorg=
fältigen Vorbereitung eines Stückes, in der nicht
schablonenmäßigen Inscenirung einer dramatischen
Arbeit, — was nicht ausschließt, daß sich die
Regie vorkommenden Falles bei besonders schwie=
rigen Stücken ihre Aufgabe durch Nachahmung
der Einrichtung, in welcher das betreffende Stück
an der Residenzbühne in Scene ging, wesentlich
erleichtern kann — ferner in der Bildung eines
guten Ensemble's (Zusammenspiel), in der dra=
matischen Unterweisung der einzelnen Darsteller
und schließlich — bei Provinztheatern ein noch
viel zu sehr unterschätztes Moment — in der
allmählichen Heranbildung talentirter Kunstjünger.

Es ist ja natürlich und leichtbegreiflich, daß
ein Provinztheaterinstitut nicht über durchwegs
erste und ausgezeichnete Kräfte verfügen kann,
schon allein aus finanziellen Gründen. In der
Regel besteht das Personal einer besseren Provinz=
bühne aus vier bis sechs guten Kräften, einer
Anzahl gewandter, routinirter und vielseitig ver=
wendbarer Darsteller und aus jungen, mehr
oder minder talentirten Anfängern, die mit einem

derartigen Engagement folgerichtig ihre theatra=
lische Laufbahn beginnen.

Die künstlerische und technische Ausbildung
des Personals auf den Proben ist die Hauptauf=
gabe eines Regisseurs. Der Mangel an ge=
wandten künstlerisch und technisch gebildeten
Schauspielern ist vorzugsweise auf den Mangel
einer tüchtigen und verständigen Regie zurückzu=
führen. Die Probe! in ihr liegt das ganze
Geheimniß einer guten dramatischen Darstellung;
eine verständige Regie wird auf diese Institution
nicht genug Wichtigkeit legen können; unermüd=
liches und sorgfältiges Probiren ist die conditio
sine qua non für das künstlerische Gedeihen
eines Theaters. Die Nachlässigkeit und Gleich=
gültigkeit, mit welcher leider Gottes an so vielen
Provinzbühnen die Proben abgehalten werden,
läßt arge Schäden entstehen, die ebenfalls jeder
besseren und höheren schauspielerischen Entwick=
lung verderbenbringend entgegentreten.

Der Schauspieler in der Provinz ist in den
meisten Fällen sich selbst überlassen; er findet
an dem artistischen Leiter keinen dauernden
Halt, keine bemerkenswerthe Führung, keinen
dramatischen Unterricht. Der Provinzregisseur
richtet sein Augenmerk auf der Probe in erster
Linie darauf, daß das zu gebende Stück „heraus=

kommt", daß es Abends ohne Störung klappt;
dieses „Klappen" hat für ihn die Bedeutung
einer guten Vorstellung, und hat er es erreicht,
so glaubt er seine Pflicht vollauf gethan zu
haben. Ihn kümmert mithin mehr alles Aeußer=
liche, der Fortgang der Scene, die Stellungen
der einzelnen Personen, die Dekoration des
Stückes; worauf er vorzugsweise zu sehen hätte,
auf das lebendige und intimere Zusammenwirken
der Schauspielkräfte, auf die individuellen
Leistungen, auf Sprache, Geberden, Bewegungen
der einzelnen Darsteller — darauf wird häufig
vergessen.

Ich habe vielfache Gelegenheit gehabt, auf
den verschiedensten Provinzbühnen Proben beizu=
wohnen oder solche selbst mitzumachen; wenn auch
nicht überall, so wird da doch im großen Ganzen
die wichtige Bedeutung derselben weit unter=
schätzt; man probirt, damit man des Abends
wenigstens weiß, wo man „steht und geht";
eine Unterbrechung der Probe durch den Regisseur
bei falschen Betonungen, widersinnigen Auf=
fassungen der Rollen, unnatürlichen Pausen
u. s. w. u. s. w. — sie findet nur selten statt.

Eine abscheuliche Unsitte, an vielen Provinz=
bühnen eingebürgert, ist das bloße „Markiren"
der Rollen; dies läßt keine richtige Stimmung

bei dem einzelnen Darsteller wie bei den Mit=
spielenden aufkommen, hindert außerordentlich
die Deutlichkeit und Sicherheit, verleitet zu
einer gewissen Lauheit und schädigt so die
ganze Aufführung; wie denn auch in den meisten
Fällen das Markiren auf der Probe nur eine,
wenn auch etwas stärker markirte und nicht aus
dem Vollen geschöpfte Leistung zur Folge hat.

Dazu kommt noch, daß der Provinz=
schauspieler beim Probiren — die normale
Anzahl der Proben beläuft sich bei nicht ganz
neuen einzustudirenden Stücken auf eine, höch=
stens zwei — die nothwendigsten scenischen Be=
helfe, wie Möbel und Requisiten entbehren muß,
da er dieselben erst am Abende der Aufführung
in ihrer wahren Gestalt zu sehen bekommt. Ich
kenne einen Regisseur in der Provinz, der einem
jungen Schauspieler, welcher eine wichtige Rolle
zu spielen hatte und auf der Probe die Requisi=
ten verlangte, um Abends weniger aufgeregt zu
sein, auf dieses, nach seiner Ansicht „lächerliche"
Begehren zur Antwort gab: „Na natürlich,
gewöhnen Sie sich diesen Unfug der gastirenden
Residenzkünstler auch noch an!"

Requisiten auf der Probe — ein Unfug!

Die Folgen einer derartigen oberflächlichen
Regie bleiben daher auch nicht aus. Die auf

solch' lässige und leichtfertige Weise vor Kritik und Publikum gebrachten Stücke entbehren jeder warmen, frischen, lebensvollen Darstellung; dieselbe erscheint matt, unfertig, äußerlich; man spielt die Komödie einfach herunter, und so erklärt es sich mitunter, daß Stücke, welche auf ersten Bühnen einen unbestrittenen Erfolg hatten, in der Provinz nur einen succes d'estime errangen.

Die Nachtheile, welche durch eine derartige „Wirthschaft" für das Theaterinstitut und namentlich für die Schauspieler selbst erwachsen, sind unberechenbar. Der Routinier erhält die Oberhand über den vielleicht noch unsicheren, aber talentvollen Anfänger; dieser zwar vom besten Willen beseelt, spielt die ihm zugetheilten Rollen auf „gut Glück!" und gefällt damit mehr oder weniger, je nachdem sein Talent stärker oder schwächer ist; er genießt keine besondere Führung, keine eingehendere Schulung und macht daher auch keine erheblichen Fortschritte. Junge Schauspieler namentlich verlottern sich künstlerisch nur allzuleicht, und ist nicht ein starker, eigener Wille, beharrlicher Fleiß und genügendes Verständniß vorhanden, so gehen solche, wenn auch noch so begabte Anfänger bald in der lieben Mittelmäßigkeit unter und werden so untauglich für besseres Streben, für erste Theater; sie werden und bleiben dann einfache Routiniers. Und was ist das für eine gewöhnliche, erbärmliche Routine! oft nur darin bestehend, daß der Schau= spieler, magnetisch von dem kleinen Kasten in Mitten der Bühne angezogen, die ganze Rolle Wort für Wort, Satz für Satz dem Souffleur nachspricht. Ist es unter solchen Umständen einen ernstlich strebenden, jungen dramatischen Künstler zu verdenken, wenn er mit allen Mit= teln aus solchen Provinzengagements und oben geschilderten Verhältnissen hinaustrachtet in — reinere Luft?

Dieser nicht genug zu beklagende Mangel an tüchtiger künstlerischer Führung zeigt sich am deutlichsten bei jenen Schauspielern, welche das Glück haben, aus der „Provinz" an eine erste und gutgeführte Residenzbühne zu kommen. Ein sehr bezeichnendes Theatersprüchwort lautet: „Er muß sich erst die Provinzmanieren abge= wöhnen." Unter diesen Provinzmanieren versteht man eben das saloppe, handwerksmäßige Spiel, jene Aeußerlichkeit in Rede und Geberde, kurz alle die schauspielerischen Unarten und Cottereien, welche der Darsteller aus seinem früheren Wirkungskreise mitgebracht hat.

Es versteht sich von selbst, daß eine Resi=

denzbühne, wie schon früher erwähnt, leicht
talentirtere, bildungsfähigere und tüchtigere
Mitglieder erhalten kann, als ein mittleres
Provinztheater; aber selbst mit schwächeren Kräften würde man in der Residenz stets eine ver-
hältnißmäßig bessere Comödie spielen als mit
besseren Kräften in der Provinz, weil das System
des Probirens an guten ersten Bühnen ein weit-
aus gründlicheres und gediegeneres ist. Wann
endlich werden die Lüderlichkeit, der Schlendrian
und der alles bessere und höhere Streben unter-
grabende Gleichmuth, welche bei den Proben an
so vielen deutschen Theatern herrschen und für
die Zukunft deutscher Bühnenverhältnisse besorg-
nißerregend wirken, verschwinden?

Man komme mir nicht mit der allgemein
beliebten Phrase: in der Provinz, wo eine No-
vität höchstens drei bis viermal in einer Saison
gegeben werden kann, wo also ein sehr schneller
Repertoirewechsel stattfindet, habe man nicht Zeit,
vier bis fünf Proben für ein Stück abzuhalten;
solche Einwendungen sind falsch und grundlos.
Wenn man nur will, ernstlich will, findet
man schon zum öfteren Probiren nöthige Zeit;
ich habe davon Beweise erhalten; überdies kommt
es ja auch nicht allein auf die Zeitlänge an,
sondern auf die Art und Weise, wie probirt wird.

Ich war beim Beginne meiner Bühnen-
laufbahn an einem kleinen, halbjährig spielenden
Theater engagirt und hatte das Glück, einen
durch seine Energie, sein Verständniß und rast-
losen Fleiß bestens bekannten Regisseur als ersten
Führer „auf den Brettern" zu erhalten. Unsere
ganze Gesellschaft bestand fast durchgängig aus
jungen, unroutinirten und repertoirelosen Kunstnovizen, und obgleich täglich gespielt und täglich
ein anderes Stück gegeben werden mußte, hielt
dieser Regisseur Tag für Tag Proben von 9—1
Uhr und reichte der Vormittag nicht aus, so
wurden, wie oft, die Nachmittagsstunden zu
Hülfe genommen. Das Publikum der betreffenden
Stadt gedenkt dafür aber auch heute noch mit
freundlicher Liebenswürdigkeit dieser Saison,
dieser fleißigen Schauspielgesellschaft, wie des
unermüdlichen artistischen Leiters.

Es sei mir gestattet, meine flüchtige Besprechung moderner Theaterzustände mit einigen
Worten an das theaterbesuchende Publikum in
der Provinz zu schließen.

Durch die Ungunst der allgemeinen und
theatralischen Verhältnisse ist bereits eine Anzahl
einst guter und sogar renomirter Provinzbühnen
herabgesunken zu halbjährigen Theatern, ja
einzelne kleinere Städte verloren durch längeres

Schließen ihr Theater für immer. Könnte nun aber der Leiter einer Provinzbühne im schweren Kampfe mit den gegenwärtig dem Theater= wesen so unfreundlichen Zeiten nicht durch das Publikum wesentlich unterstützt werden, wenn man sich entschlösse, von gewissen, zu großen Anforderungen, die man an manche Provinz= theaterdirektion macht, abzugehen? Ich meine darunter keineswegs die Anforderungen an or= dentliche, der künstlerischen Bedeutung eines Theaters entsprechende Leistungen; ich meine vorzugsweise das in vielen mittleren und kleinen Provinzstädten übertriebene und durch nichts gerechtfertigte Beharren des Publikums auf einer zwecklosen und nur kostspieligen Mannigfaltigkeit des Repertoires bezüglich der verschiedenen Genre's.

Betrachten wir ein mittleres Provinztheater! Der Direktor desselben hat — wenige Fälle ausgenommen — die Verpflichtung, Oper (zu= weilen auch große Oper), Operette, Schauspiel, Posse und ein kleines Ballet in sein Repertoire aufzunehmen; nun ist es aber eine nur zu be= kannte Thatsache, daß man an den meisten Provinzbühnen durch die Oper und ihren ver= hältnißmäßig hohen Etat einerseits zu Ersparungen gezwungen ist, welche anderseits natürlich wieder

die Qualität des Schauspiels, bei dem diese
Ersparungen gemacht werden, bedeutend herab=
mindern muß. Wie viele Provinzbühnen gibt
es, welche auf diese Art eine mittelmäßige
Oper und ein mittelmäßiges Schauspiel besitzen;
welch trauriger Ehrgeiz! Wäre es nicht klüger
und praktischer, auf eines oder das andere zu
verzichten und lieber eine gute Oper oder ein
gutes Schauspiel zu haben?

Rücksichtlich ganz kleiner Städte endlich
wäre zu rathen, ein sogenanntes „stabiles"
Theater überhaupt aufzugeben, da derartige
Institute in den häufigsten Fällen kaum über
das künstlerische Niveau einer „Schmiere"
(herumziehende Truppe) hinauskommen. Hier
wäre auf's Wärmste das Vorgehen mancher
deutschen Kleinstädte anzuempfehlen, welche ver=
eint, eine größere tüchtige Schauspielgesellschaft
in der Weise erhalten, daß dieselbe nach einem
gewissen Turnus in jeder der obigen Städte ab=
wechselnd durch zwei bis drei Monate Vorstel=
lungen veranstaltet.

Die Vortheile eines solchen Verfahrens liegen
klar zu Tage: das Theaterunternehmen selbst ist
gesichert, die Gesellschaft bleibt Winter und
Sommer möglichst beisammen, es kann sich ein
annehmbares Ensemble bilden, und diejenigen

kleineren Städte, welche keine Mittel und daher auch keine eigentliche Berechtigung haben, dauernd ein Theater zu besitzen, genießen wenigstens durch einige Monate des Jahres die Annehmlichkeiten eines guten Schauspiels.

Hinter den Coulissen.

inter den Couliſſen! — da treiben ſich
außer den verſchiedenen Göttern und Halb=
göttern der dramatiſchen Darſtellungs=
kunſt auch noch einige Perſonen herum, die „mit
zum Baue gehörend" im eigentlichſten Sinne des
Wortes hinter den Couliſſen arbeiten und ſchaffen,
und auf dieſe Weiſe verborgen bleiben dem Auge
des Zuſchauers, der ihre Exiſtenz nur ahnt, oder
nur vom Hörenſagen kennt. Dieſes kleine Völk=
chen, welches auch ſein gut Theil zum Gelingen
einer theatraliſchen Vorſtellung beitragen muß,
mit all' ſeinen Eigenheiten, Anſichten und Gewohn=
heiten zu ſchildern, ſoll die Aufgabe dieſer
Zeilen ſein.

Die wichtigſte Perſönlichkeit unter dieſen

„im Verborgenen waltenden" Helfern der
dramatischen Kunst ist

Der Theaterdiener.

Derselbe ist in der Regel ein älterer Mann,
wohlerfahren im Geschäfte, grau und — schlau
geworden, ein Praktikus und Pfiffikus. — Er
ist das Factotum der Direction, wohlgelitten von
den Schauspielern, denn er bringt ihnen ihr
dramatisches Futter — die Rollen. Er ist ge=
wohnt, sich mit der Direction zu identifiziren
und spricht daher vom Repertoire, das wir ge=
macht, vom Vorschusse, den wir abgeschlagen,
von einem Schauspieler, den wir entlassen haben.
Der Theaterdiener ist ein kleiner Diplomat, er
kennt genau die schwachen Seiten dieses oder
jenes Schauspielers, dieser oder jener Schauspie=
lerin, und weiß vorkommenden Falles daraus
Nutzen zu ziehen. Er setzt einen Stolz darein,
wenn er von Seiten der Direction, zu gewissen,
nicht besonders angenehmen Missionen verwendet
wird und er sich derselben zur allerhöchsten Zu=
friedenheit entledigt. — Mit neidischen Blicken
verfolgt er einen anderen Abgesandten der Direc=
tion und kehrt dieser etwa unverrichteter Dinge
von seinem Auftrage zurück, dann lacht sich der
in seinem Wirkungskreise verletzt fühlende
Theaterdiener in's Fäustchen und murmelt wohl:

„Geschieht ihm schon recht, warum schickt er
nicht mich!" —

Man muß aber auch die Klugheit, die
Erfindungsgabe, die Kniffe und Pfiffe, die
lammsfromme Geduld und die geschmeidige Natur
eines echten Theaterdieners kennen gelernt haben.
Zwei Beispiele. Dem Heldenspieler bringt
unser Freund eine zweite Liebhaberrolle in einem
Lustspiele; entrüstet über diese unverschämte Zu=
muthung der Direction weist der beleidigte
Künstler dem Directions = Organ die Thüre;
der Theaterdiener aber kennt seine Pappenheimer
und läßt sich nicht so leicht abschrecken; er tritt
neuerdings in die Höhle des Löwen und theilt
dem erregten Heldengemüthe im Vertrauen mit,
daß für den nächsten Sonntag: „die Räuber" an=
gesetzt sind; „na und", setzt er schmunzelnd hinzu
— „der Bruder Karl, hehe! das is weiter a
bissel ka Leistung von Ihnen. Der Sturm von
Applaus, den's da wieder geben wird" .... —
Und „Karl Moor" rollt nicht mehr die Augen,
sie blicken freundlicher, er wird großmüthig und
nimmt den „zweiten Liebhaber".

Eine erste Schauspielerin hat am Tage der
Vorstellung wegen Unpäßlichkeit absagen lassen,
und die Direction schickt ihr Factotum in die
Wohnung der Künstlerin, um dieselbe zum Auf=

treten zu bewegen. Zuerst will man den Theaterdiener gar nicht verlassen, aber da kennt man
unserem Vertrauensmann schlecht — er weicht
nicht von der Stelle und er erklärt, nicht früher
gehen zu können, bis er das Fräulein gesprochen;
und dabei macht er eine so finstere Miene, daß
man ihm ganz gut glauben kann, es sei ihm
mit dieser Drohung ernst.

Endlich wird es der Künstlerin zu viel und
sie läßt ihn vor. Jetzt hat er schon halbgewon-
nenes Spiel.

Er beginnt nun, seiner Beredsamkeit freien
Lauf zu lassen; er spricht von der himmlischen
Rolle im heutigen Stücke, von der ausgezeichneten
Darstellung durch unsere gefeierte Künstlerin, von
dem Beifall, der sie erwartet, von ihren Ver-
ehrern, die sie gerade in dieser Rolle so gerne
sehen und bewundern, — umsonst! —

„Gefühllos hört sie seine fleh'nden Worte",
die Dame bleibt taub der Stimme des Schmeich-
lers! Sie hat furchtbare Migräne und kann un-
möglich spielen.

Unser Freund gibt trotzdem den Kampf noch
nicht auf und schneidet plötzlich ein trübseliges
Gesicht und jammert halblaut vor sich hin:
„Schade! schade! aber die ganze Vorstellung wird

darunter leiden!" — „Worunter?" fragt neu=
gierig die Migräneheldin.

„Ja", lautet die seufzende Antwort, „der
Herr Director hat mir halt auftrag'n, wenn Sie
durchaus nicht spielen können, mit Ihrer Rolle
zur Fräul'n X zu gehen; die hat diese Rolle,
auf'm Repertoire und in ihrem vorigen Enga=
gement schon öfters gespielt! — Das kann a
saubere Vorstellung werd'n! — Wie g'sagt, ewig
schad', ewig schad!! . . .

„Was," fährt nun die, ihr Leiden vergessende
Künstlerin auf, „diese Rolle, eine meiner Force=
Rollen will man sich unterstehen, dieser — Person
zu geben — lassen Sie die Rolle nur hier, —
ich spiele heute Abend." —

Die Migräne ist geheilt, die Künstlerin ist
gesund. Der Theaterdiener eilt zurück auf's
Bureau, und im stolzen Bewußtsein seiner diplo=
matischen Fähigkeit meldet er dem ängstlich
harrenden Regisseur: „Sie spielt!" —

Der Theaterdiener hat nebst seinen Kanzlei=
geschäften auch die eingerichteten Stücke zu über=
nehmen und vorzulegen, dieselben mitunter zu
copiren und nach dem Directionsbuche einzurichten,
er lernt so die meisten der gangbaren drama=
tischen Werke durch die Lectüre kennen und
bildet sich in seiner Weise ein Urtheil über den

Wert oder Unwert derselben. So ist er z. B.
stets mißtrauisch gegen alle Manuskripte, die in
wunderschönen Einbänden, womöglich mit feinem
Goldschnitt seiner Direktion eingereicht werden.
„Schad um den schönen Einband," meint er dann
mit einer Miene des Bedauerns und legt's —
zu den Uebrigen.

Jungen Mimen und Volontären gegenüber
spielt er gerne den Gönner und Berather und
macht die im Bühnenleben noch Unerfahrenen
auf mancherlei aufmerksam.

Mitgliedern, denen er wohl will, zeigt er
dies, indem er ihnen zuerst die Proben oder all=
fällige Veränderungen im Repertoire ansagt,
ihnen vor allen andern am Ersten die Gage
bringt und in vielen sonstigen kleinen Aufmerksam=
keiten oder Gefälligkeiten.

Der Theaterdiener ist meist willig und zuvor=
kommend und freut sich, wenn man seine Thätig=
keit gehörig „zu schätzen" weiß. — Mitgliedern
gegenüber, die seine „wichtige Stellung" nicht
anerkennen wollen und die er daher aus seinem
theaterdienerlichen Herzen ausschließt, kann er
recht boshaft sein und von einer gepfefferten
Aufrichtigkeit, wie jener alte Diener eines Wiener=
Theaters, der, als er einem im Rufe der Arroganz
stehenden Darsteller eine Hauptrolle in einem

älteren Stücke überbrachte, auf deffen Frage, ob
das Stück wohl gefallen wird, ruhig zur Ant=
wort gab: „Mein Gott, das Stück hat schon
damals in der guten Befeßung nichts ge=
macht!" . . . . .

Für die Schaufpieler ift unter dem Hülfs=
perfonal nach dem Theaterdiener wohl am
wichtigften

Der Souffleur.

Er bekleidet, wörtlich genommen, die „einfluß=
reichfte" Stellung beim Theater. Er ift gewöhn=
lich ein Altersgenoffe des Theaterdieners und
war in jungen Jahren felbft — darftellender
Künftler

Im Gegenfaße zu feinem vorbefprochenen
Collegen, deffen Amtsthätigkeit fich in den ver=
fchiedenften Situationen bewähren muß und
ein reiches Bild von Abwechslungen bietet, führt
der Soffleur ein trauliches Stillleben in feinem
hölzernen Kaften, in welchem er drei Stunden
Vormittags und drei Stunden Abends flüfternd
feine Pflicht erfüllt.

Der Souffleur hat meift eine ftille, fried=
liche Natur, und da das fortwährende Sprechen
zu feinen Berufspflichten gehört, fo ift er im
Leben gewöhnlich ziemlich fchweigfam. Er ift
überhaupt ein mehr paffives und beobachtendes

7*

Wesen. Er sitzt da unten in seinem viereckigen Verschlage, beleuchtet von zwei augenverderbenden Oellampen und sieht oben auf den „heißen Brettern", die die Welt bedeuten sollen, die seltsamsten Ereignisse, die schlauesten Intriguen, Debuts und Abschiedsvorstellungen, Grobheiten und Schmeicheleien, Triumphe und Durchfälle an sich vorüberziehen — was kümmert's ihn da unten! — er schweigt und soufflirt weiter!

Wie viele Schauspieler und Schauspielerinnen hat er da oben schon vor sich gehabt und sie steigen gesehen bis zum höchsten Gipfel des Ruhmes und auch wieder fallen gesehen in den Pfuhl theatralischen Handwerkerthums! Wie mancher Künstler stand da oben und schrie ihm auf der Probe hinunter, er könne nicht souffliren — und Abends stellte sich's heraus: der Künstler konnte nicht spielen. Wenn ihm auch Unrecht wiederfährt, was soll er thun? Er schweigt und — soufflirt weiter.

Die, ich möchte sagen, stereotypen Eigenschaften eines guten Souffleurs sind: vollkommener Mangel an Widerspruchsgeist, Geduld und eine minutiöse Pünktlichkeit. Wenn auf den Proben eine Pause entsteht — mag nun Schuld daran tragen, wer da will — der arme Souffleur muß sie auf seine Rechnung nehmen.

-- Ob der betreffende Darsteller seinen Part schlecht oder lückenhaft memorirt hat, ob derselbe etwa durch einen Zwischenfall hinter den Coulissen zerstört und zerstreut wurde — ob derselbe sich vielleicht einer kleinen Schwerhörigkeit erfreut, — gleichviel -- der krummgesessene Rücken des Souffleurs muß herhalten; — das weiß dieser — drum schweigt er — und soufflirt weiter. —

Abends bei der Aufführung geht es allerdings nicht so leicht mit dieser Aufbürdung der Schuld, denn Regisseur und Inspizient haben scharfe Augen und Ohren und wissen recht wohl, wer die Pause gemacht hat.

Die zweite nothwendige Eigenschaft des Mannes im Kasten ist — ein gehöriges Quantum Geduld. Wo ist der Souffleur, der es allen Künstlern eines Theaters gleich recht machen kann? Dem Helden soufflirt er zu langsam, dem Intriguant zu schnell, der Liebhaberin zu laut, dem Komiker zu leise, dem Väterspieler zu wenig, der komischen Alten zu viel. — Wie soll er's machen, Alle zu befriedigen? Er weiß es nicht, drum schweigt er und soufflirt weiter.

Manchmal kommt ihm der Director oder diensthabende Regisseur zu Hülfe und befiehlt ihm ganz zu schweigen, Herr Z. könne ja ohnedies seine Rolle. Das sind für den Souffleur Mo-

mente süßer Rache. Dann zieht sich der — oft
unschuldig Gekränkte in das Innere seines kleinen
Bretterhauses zurück, und man sieht ein schaden=
froh triumphirendes Lächeln um seine Lippen
spielen; er betrachtet mit wonniger Miene das
zappelnde Opfer da oben und meint mit stolzem
Selbstgefühl: „braucht mich halt doch"; und es
zieht das Gefühl des Mitleids in seine Brust,
er lehnt sich wieder an sein hölzernes Pult und
bringt den „planlos Schwimmenden" wieder
in's richtige Fahrwasser.

Die dritte Eigenschaft, die sich bei jedem
Souffleur vorfindet, ist die Pünktlichkeit.

Es wird kaum Einen dieses Berufes geben,
der nicht mit der größten Genauigkeit darüber
Aufzeichnungen gemacht hätte, wie lange jedes
Stück, wie lange jeder Act in diesem Stücke
und wiederum, wie lange jede Scene in jedem
Acte dieses Stückes dauert. Wie oft ein Stück
gegeben wurde, welche Künstler darin gespielt
oder gastirt haben; — der Souffleur weiß es
sicher; er stellt daher auch den Jahresalmanach
des Theaters zusammen.

Das Trockenwerden seiner durch das fort=
während Reden angestrengten Kehle sucht er
durch fleißigen Genuß von Flüssigkeiten, wie
Bier und Wein, pflichtschuldigst hinzuhalten.

Sein Labsal und seine Freude in den heißen
Stunden der Arbeit ist eine geräuschlos zu öff=
nende Dose, aus der er sich in — in Folge seiner
Genauigkeit — wohlbezeichneten Pausen und
Zwischenacten Erholung und Auffrischung spendet.

Manchmal sehen wir den sonst so stillen
und schweigsamen Mann in gelinder Auf=
regung zur Probe eilen! — Dies ist der Fall,
wenn ein Stück gegeben wird, in welchem er
„zu seiner Zeit" — geglänzt! Heute ist er nicht
der ruhige, flüsternde von alle Tage, heute
declamirt er selbst mit dem Darsteller oben
um die Wette, in seinem Eifer und in seiner
Begeisterung beginnt er mit den Händen in der
Luft zu agiren, und als oben auf der Bühne der
Held den tödtlichen Dolchstoß empfängt, da schreit
auch der im Kasten, in's innerste Herz getroffen,
auf und — purzelt von seinem Stuhle her=
unter. —

Der etwas abkühlende Anruf des Directors:
„ob er wahnsinnig geworden wäre" und das
Kichern der ihn verwundert betrachtenden Künstler=
schaar bringen ihn wieder zurück — zu seinem
Soufflirpulte. Und nun geht die Probe weiter,
und er flüstert wieder „seinen einstigen Part";
zuweilen aber, wenn er sich unbemerkt glaubt,
dann nimmt seine Stimme doch wieder den Ton

des Vortragenden an, seine Hände agiren dies=
mal unter dem Kasten — und ist die Probe
aus, dann steigt er stillbefriedigt aus dem „Ret=
tungsapparate des deutschen Comödiantenthums"
und denkt am Heimwege wehmütigen Herzens
der schönen entschwundenen Zeit!

Der Inspizient.

Derselbe ist meist ein Mann in mittleren
Jahren; er zeichnet sich vorzugsweise durch einen
energischen Zug in seinem Wesen aus, und ist
der herkömmliche Freund des Souffleurs.

Der Inspizient tritt in seine eigentliche
Wirksamkeit, wenn es Abend wird, d. h., wenn
die Vorstellung beginnt; er leiht seine Hülfe dem
aufzuführenden Stücke allerdings auch auf den
Proben, doch hat er da nur in zweiter Linie
zu stehen; der herrschende Gott auf der Probe
ist der das Stück in Scene setzende Regisseur.
Abends hingegen, wenn der Campenanzünder
seinem Licht in die Situation bringenden Berufe
bereits nachgekommen, und die vielen hundert
Flammen den Bühnenraum erhellen — dann
kommt die Herrscherzeit des Inspicienten. —

Das Hauskäppchen — ein äußeres Zeichen
seines Amtes — am Kopfe, den Bleistift hinter
dem Ohr, und das „heutige Stück" unter dem

Arme erscheint er eine halbe Stunde vor Beginn
der Vorstellung — hinter den Coulissen.

Schon vorher hat er in den verschiedenen
Garderoben Umschau und Nachfrage gehalten,
ob alle Herrschaften „da" sind, und jetzt begeht
er mit feierlichen Schritten die Bühne und sein
aufmerksames Inspizientenauge prüft, ob allen
Anordnungen der Regie nachgekommen wurde,
ob die Möbel an den bestimmten Plätzen stehen,
ob sich die im Stücke vorkommenden Requisiten
an Ort und Stelle befinden, ob die im Laufe
der Vorstellung gebrauchten Getränke — und
darin ist er sehr genau — auch zu genießen
sind, u. s. w. u. s. w. —

Die beschäftigten Schauspieler und Schau=
spielerinnen erscheinen nach und nach auf der
Bühne, und er erinnert sie an die einzelnen Re=
quisiten, welche sie bei ihrem Auftreten benö=
thigen.

Es schlägt sieben Uhr. Der eben erschienene
Regisseur du jour gibt dem Inspizienten den
Auftrag, „anfangen" zu lassen und zieht sich in
die Direktionsloge zurück, von wo er als Zu=
schauer den Gang des Stückes verfolgt. Der
Inspizient hat nun die Haftung für den ruhigen
und ungestörten Fortgang der Vorstellung über=
nommen. Das schwerfällige Schiff „Theatervor=

stellung" sicher und ruhig durch alle Klippen und Gefahren, die sich oft unerwartet dem Laufe desselben entgegenstellen, zu führen und durch= zubringen, ist sicherlich keine leichte Aufgabe!

Betrachten wir einmal die verschiedenartigsten Dienstleistungen unseres Freundes an einem Theaterabende, und wir werden ein annähernd richtiges Bild erhalten von dem schwierigen Be= rufe und der wichtigen Stellung des Inspizienten.

Abgesehen davon, daß er alle Auftritte und Abgänge — und dieselben zählen oft nach Hun= derten — der im Stücke beschäftigten Personen und Klassen genau zu überwachen und mitunter richtig zu stellen hat, liegt es ihm ob, dafür zu sorgen, daß eine etwa hinter den Coulissen vor= kommende Musik zur gehörigen Zeit einfällt, daß nothwendige Horn=Pfeifen — und Trommel= signale à tempo mit den sie bedingenden oder darauf Bezug habenden Worten des Darstellers zusammenfallen. Auf sein Geheis entsteht das „leise Gemurmel", und unter seiner umsichtigen Leitung wächst es heran zum „tosenden Lärm der Menge"; er besorgt die Elemente: den Donner, den Blitz, den Wind und den strömen= den Regen; Angstgeschrei und Hülferufe — aus seinem Munde kommen sie; er erzeugt durch Aneinanderschlagen zweier Säbelscheiden der

„Schwerter Geklirr", welches der auf der Scene befindliche Held eben vernimmt, er rasselt mit einem Korbe voll Glasscherben, wenn auf der Bühne etwas zerbrochen werden soll.

Der Tritt der Schildwache, das Rauschen im Gebüsche, das Geläute der Glocken, das Fallen eines Gegenstandes, das Schlagen der Mitternachtsstunde und alle die tausend Ereignisse hinter den Coulissen — mit seinem Willen, durch seine Thätigkeit geschehen sie. Der Inspizient ist gewöhnlich ein vorzüglicher Nachahmer von Thierlauten: Hundegebell, Katzengeschrei, Papageienrufe, Kuhgebrülle und sonstige unarticulirte Laute erzeugt er mit höchst eigenen Mitteln.

Sehr häufig ereignet es sich, daß diverse Dienstleistungen zu gleicher Zeit zu vollziehen sind und die Beistellung einiger hülfreicher Hände für das Amt des Inspizienten als dringende Nothwendigkeit erscheint; doch gerade in solchen Fällen weist der richtige Inspizient jede Hülfe entschieden zurück, und setzt seinen ganzen Stolz darein, zu zeigen, was er allein zu leisten im Stande sei. So machte ich vor wenigen Jahren auf einem österreichischen Provinztheater die Bekanntschaft eines alten, auf diesem Felde grau gewordenen Theaterbediensteten, der mit einer merkwürdigen Geschicklichkeit den ganzen Höllenrummel der

Wolfsschlucht im „Freischütz" allein besorgte.
Er hatte sich zu diesem Behufe einen hölzernen
Drehkasten construirt, in welchem die verschieden=
artigsten Gegenstände: Steine, Scherben von Glas
und irdenen Gefäßen, Erbsen, Eisentheile Holz=
stücke und, was weiß ich noch Alles — ent=
halten waren, welche bei raschen Umdrehungen
des Kastens durch ihr Anprallen an die Wände
desselben einen fürchterlichen Spectakel erzeugten.
— Während nun unser Mann mit der rechten
Hand diesen Drehkasten in fortwährender Be=
wegung erhielt, bearbeitete er mit der linken
eine große Hetzpeitsche und begleitete das Knallen
derselben mit selbsterzeugten Rüdengebell, Katzen=
geheul und „Hussarufen", und so executirte der
alte Practicus die „wilde Jagd" — ganz allein.

Die Haupteigenschaften eines tüchtigen In=
spizienten sind: Energie, Ruhe und Geistesgegen=
wart. Im Besitze derselben wird bei vorkommen=
den Wirren und Verlegenheiten sein Einschreiten
stets ein wichtiges und hülfebringendes sein. —
Das Amt des Inspizienten ist ein anstrengendes
und sorgenvolles; ihn trifft, wie schon oben er=
wähnt, in erster Linie die Verantwortung für
etwaig vorkommende Unterbrechungen der thea=
tralischen Vorstellung.

Ein guter Inspizient und ein guter Souf=

fleur sind die Hauptstützen einer Theatervor-
stellung — hinter den Coulissen!

Der Theatermeister.

Dieser ist der Beherrscher und König über
die ganze gemalte und ungemalte, eiserne, höl-
zerne und leinwandene Welt des Theaters. Seine
Unterthanen sind — die Theaterarbeiter. Des
Theatermeisters Aufgabe besteht darin, daß er
zu jeder statthabenden Probe und Vorstellung
das „Theater zu stellen" hat, d. h. er richtet den
ganzen äußeren Apparat der Scene her.

Auf sein Geheiß werden Paläste und Hütten,
Brücken und Kerker, Herrschersäle und Dach-
stübchen gebaut und wieder abgetragen; unter
seiner Aufsicht entstehen und verschwinden Ge-
birge und Dörfer, Wälder und Seen. Auf sein
Commando gehen die Wellen des Meeres hoch,
indem er seine Unterthanen auf allen Vieren
unter der blau angestrichenen Leinwand hin und
wieder laufen läßt; er dirigirt aus den höheren
Regionen den Schneefall, er leitet auf der Bühne
den Gang der Schiffe, Eisenbahnen und sonstigen
Fahrgelegenheiten; auf seinen Wink verschwinden die Darsteller in der Versenkung oder segeln
auf Wolkenbrettern in die nicht besonders reinen
Lüfte des Schnürbodens.

Während der Souffleur seinen engen Kasten,

der Inspizient nur das Podium zum Felde seiner
Thätigkeit angewiesen hat, schaltet und waltet
der Theatermeister in drei Stockwerken, auf, ober,
und unter der Bühne.

Der Theatermeister bei größeren Bühnen
besitzt meist technische Kenntnisse und zählt nebst
Inspizient, Obergarderobier u. s. w. zu den
Honaratioren des administrativen Personals.

Die Haupteigenschaften eines tüchtigen Theatermeisters sind nebst gediegener Kenntniß der histo-
rischen Baukunst: Erfindungsgabe, Schnelligkeit,
Präcision und Ruhe in Ausübung seines Amtes.

Wie der richtige Theatermeister — wenn
er im Amte ist — nur in Filzschuhen, oder anderem, kein Geräusch verursachenden Schuhwerke
die Bühne betritt, ebenso mässigt er auch bei
allen seinen Leuten zukommenden Befehlen nach
Möglichkeit sein Organ und ertheilt in flüstern-
dem Tone seine diesbezüglichen Aufträge.

Der Theatermeister ist gewöhnlich ein ge-
setzter, in rangirten Verhältnissen lebender Mann
und erfreut sich insbesondere der Zuneigung der
ihm speciell untergeordneten Theaterarbeiter. Er
sorgt für dieselben und unterstützt sie in jeder
nur möglichen Weise.

Ist der Theatermeister verheirathet und gibt
es einmal Nachtarbeit, so schickt die Frau Meisterin

auf ihres Gatten Geheiß in der ersten Morgen=
stunde Kannen schwarzen Kaffee's auf die Bühne,
um ihren Mann und seine Leute munter zu er=
halten beim nächtlichen Dienst; kommt der Ge=
burtstag des Theatermeisters, so läßt er für
die ihm Glück wünschenden Arbeiter wohl ein
Eimerchen braunen Gerstensaftes anzapfen und
spendet dazu ganz respectable Cigarren; er zeichnet
ihnen zu Neujahr den Gratulationsbogen, mit
welchem sie dann Umzug halten bei allen Mit=
gliedern des Institutes. — Dem Theatermeister
untersteht ferner auch das Feuerwehr= und Be=
leuchtungspersonale des Hauses.

Der Garderobier und der Friseur.

Diese beiden Theaterbediensteten sind die
eigentlichen Helfer des Schauspielers bei der
äußerlichen Herstellung des, nach der jedesmaligen
Rolle wiederzugebenden Charakters; der erstere
bedient den Darsteller bei der Costumirung, der
letzere liefert die dazu gehörige Maske, Perrücke,
Bart, u. s. w.

Der Dienst dieser beiden Leutchen scheint
leichter und unwichtiger, als er es in Wirklich=
keit ist. —

Vor Allem bedienen diese beiden Menschen
den Schauspieler in der Spanne Zeit, in welcher
er sich leicht erklärlicher Weise in der größten

Aufregung befindet, in der Stunde vor dem
Beginn der Vorstellung! Wie schwer ist es da,
es Jedem recht zu machen; wie schnell bringt
da die geringste unpassende Bemerkung des be=
dienenden Individuums den sich zum Spiele
vorbereitenden Darsteller in unnützen Harnisch
und Aufruhr; ein dienstbeflissener, gewandter
Ankleider und ein geschickter Friseur sind daher
vom wohlthuendstem Vortheile für den dar=
stellenden Künstler.

Den tüchtigen Garderobier und eben solchen
Friseur ziert in Folge dessen, nebst sonstigen
guten Eigenschaften wie Pünktlichkeit, Gewandt=
heit, Reinhaltung der Garderobe und der Per=
rücken, genaue Kenntniß aller Gewohnheiten
des zu bedienenden Mimen, richtige Auffassung
angedeuteter Costüme oder Perrücken u. s. w. —
in erster Linie aber eine lammsfromme, und nie
reißende Geduld. Wenn der entrüstete Held auch
zehnmal den Wamms vom Leibe reißt, weil
ihn dieser zu unvortheilhaft kleidet, — der rich=
tige Garderobier läßt sich's nicht verdrießen; er
ändert zehnmal den Wamms, bis er endlich dem
„heiklen" Heldenliebhaber zu Gesichte steht; —
und findet der Komiker nach wiederholtem
Umfrisiren der Perrücke, daß die Frisur noch
immer nicht genug „spasig" aussieht, so wird

der richtige Friseur kein Wort erwidern, sondern von Neuem anfangen und solange herumfrisiren — bis es dem Komiker endlich — zu viel wird, und er sich plötzlich „spassig" genug vorkommt.

Der Garderobier und der Friseur sind meist stille und friedliche Naturen; sie sind stolz auf die Leistungen der von ihnen bedienten Herren und vindizirt sich, namentlich der Friseur in Folge seines „feinen Parckerls" (Perrücke), das er geliefert einen Theil des Erfolges.

Der Ankleider ist stets bedacht, die Garderobe seines Herrn in Ordnung und Reinlichkeit zu erhalten; große Freude bereitet man ihm durch die Schenkung von Kupferstichen, Lithografien und sonstigen Bildern, die er sich sammelt, um damit die kahlen, weißen Wände des Ankleide=zimmers zu tapeziren.

Der Garderobier und der Friseur, die gewöhnlich gute — Freunde sind — verdienen sich neben ihrer Theaterbedienstung auch noch manchen Guldenzettel durch Flickschneiderei, Garderobe in's Theater tragen, Schminken= und Puderverkauf, Frisiren zu außertheatralischen Zwecken u. s. w.

Der Theaterfeldwebel.

Der Man mit dem militärisch klingenden Namen und mit dem gewöhnlich sehr unmili=

tärischen Aeußern ist der — Sicherheitswachmann hinter den Couliſſen. Er hat dafür zu ſorgen, daß während der Vorſtellung außer den dabei Beſchäftigten Niemand die Bühne betrete und daß hinter den Couliſſen Ruhe herrſche, wenn „draußen" geſpielt wird. Leider ſündigt dieſer dramatiſche Poliziſt in ſeinem Uebereifer durch ſein lautes und eindringliches „Pſt" Rufen gleich den von ihm zur Ruhe gewieſenen Störenfrieden gegen daſſelbe Geſetz am allermeiſten ſelbſt.

Mit lauernden Blicken ſchleicht er zwiſchen den Couliſſen einher und fahndet nach Schwätzern und Ruheſtörern, denen er ſein lieblich klingen=des „Pſſſt" in langgedehntem Tone vernehmen laſſen kann; ſieht er, daß ſich in einer Couliſſe oder bei einem practicablen Fenſter Arbeiter oder Garderobebedienſtete, welche von der Vor=ſtellung etwas profitiren möchten, den Blicken des Publikums bloßſtellen, ſo weiſt er dieſelben mit einer kategoriſchen Handbewegung zurück auf ihre Plätze — hinter die Couliſſen; er hat auch darauf ſein Augenmerk zu richten, daß Briefe und Telegramme an in der Vor=ſtellung beſchäftigte Künſtler erſt nach Schluß derſelben abgegeben werden, damit der Darſteller durch etwaige unangenehme oder traurige Nach=richten nicht in ſeiner Leiſtung irritirt werde.

Der Theaterfeldwebel nimmt unter den dramatischen Helfern hinter den Coulissen, die am wenigsten angenehme Stellung ein, da er und sein Amt zu sehr den polizeilichen Charakter, der ihnen anhaftet, erscheinen laßen; dem ungeachtet ist seine Existenz eine nothwendige und wohlberechtigte. —

Der Theaterfeldwebel hält strenge darauf, daß ihm von Seiten des untergeordneten Personals der gebührende Respect entgegengebracht werde; auch trägt er als Symbol seiner militärischen Würde gewöhnlich eine Soldatenmütze mit goldener Rosette.

Ich schließe hiermit diese skizzirte Schilderung von Theaterpersonen, welche gewöhnlich nur indirect vor die Oeffentlichkeit treten und über deren Existenz und Thätigkeit wohl selten Kunde zum Publikum dringt.

Möchten diese Zeilen ihren Zweck erreichen und ein kleines Interesse erregen für diese Helfer der dramatischen Kunst — hinter den Coulissen.

Gutenstein.

Eine Erinnerung an Ferdinand Raimund.

Die drei letzten Tage der Charwoche, an denen, wie im Kalender zu lesen ist, „Theater=vorstellungen und andere öffentliche Be=lustigungen, wie Concerte u. s. w...... ver=boten sind", bilden die Osterferien der Schauspieler. Nach sieben Monaten ununterbrochener und an=gestrengter Thätigkeit auf den weltbedeutenden Brettern — endlich einmal drei auf einander=folgende Ruh= und Rasttage! Ob es da am Gründonnerstage früh regnet, oder trübe Wolken am Himmel schlechtes Wetter verkünden — das kümmert das lustige, nach Berg= und Waldlust dürstende Völkchen der Komödianten gar wenig — es zieht, „ob schön, ob Regen", hinaus aus den beengenden Straßen der Stadt, eilt weg von dem Lärm und aufregenden Getriebe des Theaters in's Freie, in die, wenn auch noch schneebedeckten Berge und sucht da draußen Einsamkeit, Ruhe, Erholung.

Der erste Frühzug der Südbahn am obererwähnten Tage nimmt denn auch immer ein stattliches Häuflein Bühnenkünstler in Empfang und führt sie hinaus in die grünenden Fluren, über den Semmering oder in die Nähe des Gevatters Schneeberg. Da liest man dann später von einer frommen „Naiven", die in diesen Tagen eine Wallfahrt nach Mariazell unternahm, um dortselbst ihre dramatischen Sünden abzubüßen, oder von einem „Intriguanten", der eine Fußtour in die hintere Brühl unternahm, von einem Landgensdarmen aber wegen verdächtigen Aussehens und Mangels an Papieren zum nächsten Gemeindeamte escortirt und so an seinem unschuldigen Vorhaben gehindert wurde, oder von einem wohlbeleibten Komiker, der sich in den hintersten Winkel des Höllenthales verkroch und daselbst in einem obscuren Bauernwirthshause sein Hauptquartier aufschlug, um einen dreitägigen Feldzug gegen alle in dem nahen Gebirgsbache hausenden Forellen zu beginnen.

Ich hatte mir schon in der Winterzeit vorgenommen, die heurigen Osterferien zu einem

Besuche Gutensteins, dem einstigen Lieblings=
aufenthalte und der nunmehrigen Grabesstätte
Ferdinand Raimund's, zu benützen.

In Felixdorf, der letzten Station vor Wiener=
Neustadt, verläßt man die Bahn und wandert
durch das freundliche Thal der Piesting, durch
mehrere Ortschaften, an der von hohem Felsen
herabblickenden Ruine Starhemberg, einst von
Friedrich dem Streitbaren bewohnt, vorbei, nach
der „Oede". Die Berge sind unterdeß immer
näher gerückt, und nun gelangt man auf der
vom Felsgestein eingeengten Landstraße weiter
durch die mit dem obigen Namen ganz richtig
bezeichnete Gegend, deren Stille höchstens durch
das laut dahersprudelnde Gebirgswasser gestört
wird. Man bekommt da schon einen Vorgeschmack
von dem stillen, lieblichen Gutenstein. Heute
allerdings geht es in der „Oede" wohl ebenso
laut und lärmend zu wie auf der großen Heer=
straße! Dem Dampfwagen, der schnaufenden
Locomotive bauen sie eben einen eisernen Weg
in dieß ruhige, abgelegene Thal. Hier sieht man
Ingenieure mit Vermessungen beschäftigt, da
arbeiten Maurerleute an einem Viaducte, dort
treiben die mit dem Bahnbaue unzertrennlichen
italienischen Karrenführer mit lärmendem Rufe
ihre Maulthiere zu größerer Schnelligkeit an.

Ade Einsamkeit! Wie bald ist's vorbei mit der
Ruhe und Stille!

Nach zweistündigem Marsche erreicht man
den freundlichen Flecken Pernitz und in einer
weiteren halben Stunde im breiter gewordenen
Thale den zwischen Pernitz und Gutenstein lie=
genden „Raimundhof", die einstige Besitzung
Ferdinand Raimund's.

Hart an der Berglehne liegt sie da, die
weiß übertünchte, etwas altväterisch aussehende
Lieblingsstätte unseres Volksdichters, eingerahmt
von dichtem Tannenwalde. Von einem die
Hauptfronte des Hauses zierenden Balcone genießt
man eine herrliche Ausschau über das friedliche
Thal wie auf die einen stattlichen Hintergrund
bildenden Berge. Der Raimundhof ist heute im
Besitze eines pensionirten Staatsbeamten, eines
hohen Achtzigers, der — wie man mir in der
Umgegend versicherte — durch sein Sonderlings=
benehmen viel an den früheren Eigenthümer
erinnern soll. Ein Zimmer ist noch mit der
ganzen Einrichtung aus Raimund's Zeit erhalten
und zu sehen.

Mit pietätvoller Wehmuth betrachtete ich
das stille, einsame Landhaus! Ferdinand Rai=
mund war es leider nur zwei Jahre vergönnt,
die Segnungen der Ruhe und des Glückes, die

ihm dieses Besitzthum gewähren sollte, zu ge=
nießen. Am 5. September 1834 erwarb er das=
selbe zu Eigenthum — der 5. September 1836
ward sein Sterbetag.

Am 25. August des letzteren Jahres kam
Raimund spät in der Nacht von Wien nach
seinem Landsitze. Sein Haushund, der ihn wohl
nicht gleich erkannt haben mochte, verwundete
ihn durch einen Biß in die Hand. Raimund, ein
Hypochonder sein Lebelang, befällt der Wahn,
der Hund sei toll! Nach wenigen Tagen wird
der Hund erschossen und Raimund, namentlich
durch die Verwüstung, welche das Thier im
Hofraume angerichtet, in seinem unglückseligen
Wahne bestärkt. Er will noch in der Nacht
nach Wien, um ärztliche Hilfe zu Rathe zu
ziehen. Auf dem Wege nach Wien, in Potten=
stein, erklärt der Kutscher, da mittlerweile ein
heftiges Gewitter losgebrochen war, er könne
mit seinen ermüdeten Pferden nicht mehr weiter,
und so muß sich Raimund bequemen, in
Pottenstein zu übernachten. Raimund, der in den
letzten Tagen fortwährend und übermäßig viel Was=
ser getrunken, um eine etwa eintretende Wasserscheu
zu beobachten, schickt seine stete Begleiterin, seine
treue Freundin A. W., um frisches Brunnenwasser,
welchem Verlangen dieselbe auch nachkommen will.

Diesen unbewachten Augenblick benützte
Raimund, um in fieberhafter Einbildung, im
gräßlichsten Wahne befangen, eine That zu voll=
führen, welche die dramatische Kunst Eines ihrer
edelsten und tüchtigsten Jünger beraubte.

Am Friedhofe des nahegelegenen Ortes
Gutenstein liegt Ferdinand Raimund nach seinem
eigenen Wunsche begraben. Mein erster Gang,
als ich in dem lieben freundlichen Markte an=
gekommen war, galt selbstverständlich dem —
Gottesacker. Auf einem durch einen Handweiser
„zu Raimund's Grab" bezeichneten Wege stieg
ich die sanfte Anhöhe hinan und erreichte in
wenigen Minuten die über alle Beschreibung
schön gelegene Gutensteiner Ruhestätte. Ich trat
durch das offene Thor und schritt auf das Grab=
denkmal Raimund's zu. Es war bereits am
späten Nachmittage, als ich dieß mein Wander=
ziel erreichte.

Ringsherum Alles still — tiefes Schweigen.
Auf einigen steinernen Stufen stieg ich empor zu
dem mit einem massiven Gitter umgebenen Grabe.
Ein einfacher Marmorobelisk, die aus Eisen ge=
gossene Büste Raimund's in einer Nische bergend,
gibt der Nachwelt Kunde von dessen ewiger
Ruhestätte: „Ferdinand Raimund, Schauspieler
und Dichter, gestorben am 5. September 1836.

Von seiner treuen Freundin A. W." Ein ver=
welkter Lorbeerkranz ziert die Büste.

Als ich, in Gedanken versunken, da oben
stand, die theuren Züge Raimund's betrachtend,
klopfte mich Jemand auf die Schulter. Es war
der Todtengräber, ein gemüthliches altes Bäuerlein,
mit dem ich mich bald im lebhaftesten Gespräche
befand. So erzählte er mir unter Anderem, daß
er als junger Bursche dem Leichenbegängnisse
Raimund's beigewohnt habe und wußte er nicht
genug von der großartigen Leichenfeier zu sagen.
Im Jahre 1872, theilte er mir ferner mit, habe
er die Gebeine Raimund's in einen neuen Sarg
umlegen müssen und sei bei dieser Gelegenheit
der Leibrock, mit dem seinerzeit die Leiche be=
kleidet gewesen, merkwürdiger Weise, noch gut
erhalten vorgefunden worden. Schließlich machte
er mich mit einer traurigen Scene bekannt, die
sich noch gar nicht lange am Grabe Raimund's
abspielte.

Es war vor einigen Jahren, im Spätherbste,
als er eines Tages eine alte, nothdürftig ge=
kleidete, kümmerlich aussehende Frauensperson
mühsam den Weg heraufkommen sah. Sie blieb
vor dem Grabe Raimund's stehen, kniete nieder
und betete leise und inbrünstiglich.

Ohne ein Wort zu sprechen, ging sie wie

sie gekommen war. Der Todtengräber, an dem
sie vorbeischritt, hat sie erkannt........ Es war
die „treue Freundin A. W." Seitdem hat man
sie nie wieder in Gutenstein gesehen!

Zwischen den Gruftsteinen endeckte ich ein
„Immergrün"; ich riß es heraus, um es als
Andenken mitzunehmen.

Die Sonne neigte sich zum Untergange; ihre
letzten Strahlen beleuchteten noch einmal das
einsame, verlassene Grab und das bereits in
feiertäglicher Ruhe daliegende, rings durch hohe
Berge von der Welt abgeschlossene Gutensteiner
Thal. Es war ein herrlicher Anblick! Ich hatte
eine selige, erhebende Stunde verlebt, eine Stunde,
die Wünsche rege machen kann, wie sie wohl
Ferdinand Raimund gehegt haben mochte, als
er sang:

Und schließt mich einst die Kunst aus ihrem Tempel aus,
Verbirg' mein graues Haupt in deinem grünen Haus.
Dann mag sich meine Lebenssonne neigen,
Dann will ich in dein kühles Brautbett steigen,
In deinem Schoß ruh' mein Gebein,
Mein Grabdenkmal sei in Gutenstein.

Wien, am 5. April 1877.

Sprüche.

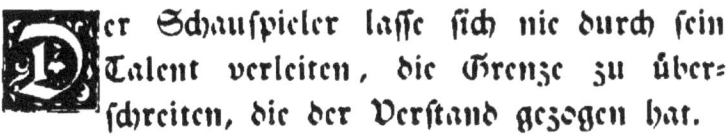

er Schauspieler lasse sich nie durch sein Talent verleiten, die Grenze zu über=schreiten, die der Verstand gezogen hat.

Vergiß nie über Nuancen die Rolle.

Man darf auf den Effect spielen, doch nur auf den guten; man gebe ihn auf, sobald er auf Kosten der Wahrheit zu erreichen ist.

Strebe stets, auf der Bühne wie im Leben, nach Klarheit und Natürlichkeit.

Der ärgste Feind des Schauspielers ist das unsichere Wort.

Ein trauriger Zustand, wenn die tadelnden Worte der Kritik taube Ohren finden.

Unverständlichkeit ist halbe Wirkung.

Komiker neigen zur Melancholie. Warum? Die Lächerlichkeiten der Menschen bilden ihr Studium.

Der Erfolg einer Rede wird durch Bewegungen nur beeinträchtigt, nie erhöht.

Auf der Bühne herrsche die Subordination des Militärs.

Der wahre Conversationsschauspieler muß, wie der wahre Komiker, geboren werden; er läßt sich nicht anerziehen.

Trachte stets das Höchste in der Kunst zu erreichen; gelingt es Dir auch nicht, so wird Dich doch das Bewußtsein ernstgemeinten Strebens befriedigen.

Schauspieler, die Aufregung und Angst nicht kennen, werden leicht einfache Routiniers.

Der blos skizzirte Scherz ist von der Bühne herab stets wirksamer als der breitgetretene; es scheint fast, als ob das Publikum sich dadurch geschmeichelt fühle, daß man ihm das Verständniß für das blos Angedeutete zutraut.

Für manchen Komiker ist das Lachen der Zuschauer das Scharlachtuch, das den Stier unbändig macht.

Es ist stets zu bedauern, wenn sich Jünglinge schon zu einer Zeit der Bühne widmen, in welcher es für sie viel gerathener wäre, noch fleißig hinter der Schulbank zu sitzen; braucht die dramatische Kunst denn so gar kein Wissen?

Angehende Dichter und Schauspieler sind die hoffnungsvollsten Menschen.

Die übertriebenen Anforderungen mancher Bühnenkünstler an das materielle Leben bringen häufig ungeordnete häusliche Zustände hervor; für den aufregenden Beruf des Schauspielers sind aber ungeordnete Lebensverhältnisse starke Gifte.

Bei der Beurtheilung mancher Rollen läßt

9*

ſich das Publikum durch die Dankbarkeit derſelben, allzuſehr irreleiten.

Selbſtüberſchätzung iſt überall, namentlich aber im Theaterleben, die Quelle bitterer Er- fahrungen.

Bei manchem Darſteller hält man oft für Verſtändniß, was eigentlich blos dramatiſcher Inſtinkt iſt.

Noch ſo talentirte, aber ungebildete Schau- ſpieler werden ſelten überzeugend wirken.

Mittelmäßigkeiten verträgt man in jedem Berufe, in der Wiſſenſchaft, im Gewerbe, leichter als in der Kunſt.

Das Theater ſollte einem Gotteshauſe ähn- lich gehalten werden; leider findet ſich heute die Aehnlichkeit nur in dem beiderortigen ſchwachen Beſuche.

Künſtler ſind ſelten praktiſch; ſie nehmen das Leben meiſtens wie es ſcheint, nicht wie es iſt.

Es giebt Menschen, die zum Hammer und solche, die zum Amboß praedestinirt sind — auch beim Theater kommen sie vor.

Die Virtuosen sind die Väter der Claque.

Der erste Grundsatz eines Theaterleiters sollte sein: Kein Mensch ist unentbehrlich.

Ein zu gut einstudirtes Stück kann mitunter den Eindruck eines Automatenspieles hervorbringen.

Es ist wohl stets richtiger, man bildet sich weniger ein, als man ist, als man ist weniger, als man sich einbildet.

Der häufige Wechsel des Personals an einem Theater ist der ärgste Störenfried eines guten Ensemble's.

Der Beruf des dramatischen Künstlers ist einer der aufregendsten und aufreibendsten; seine Gesundheit sei ihm daher, nach seinem Talente, das heiligste Gut.

Man sagt, Schauspieler haben kein richtiges Urtheil über die neuaufzuführenden Stücke; ich halte diefe Meinung für unrichtig. Schaufpieler täufchen fich mitunter über den Erfolg — und wer könnte diefen bei den verfchiedenen Factoren, aus denen er fich zufammenfetzt, mit Beftimmtheit immer vorherfagen! — nicht aber über den Werth derfelben.